Bernd und Luise Wagner

Berlin für Arme

Eichborn ✳ BERLIN

Berlin für Arme besteht aus zwei Teilen. Das **Buch** halten
Sie in den Händen; in ihm finden Sie Erzählungen,
Tipps und eine Adressenliste, die keinerlei Anspruch
auf Vollständigkeit erhebt, sondern sich aus den persönlichen Erfahrungen und Vorlieben der Verfasser speist.
Sie, die Leser, sind aufgerufen, das Werk zu vervollstän-
digen, indem Sie sich im Forum unserer **Internetseite**
www.berlinfuerarme.de mit Ihren eigenen Vorstellungen
zu Wort melden. Dort können Sie Hinweise und Adressen
weitergeben, Tausch-, Geschenk- und andere Angebote
machen und nicht zuletzt Ihre Geschichten erzählen.

Der Verlag

4 5   10 09

© Eichborn AG, Frankfurt am Main, 2008
Lektorat: Wolfgang Hörner
Umschlaggestaltung: Moni Port
Layout und Satz: Oliver Schmitt
Herstellung: Cosima Schneider
Druck und Bindung: CPI - Clausen & Bosse, Leck

ISBN 978-3-8218-5830-2

Mehr Informationen zum Programm von Eichborn
Berlin und Eichborn finden Sie unter
www.eichborn-berlin.de und www.eichborn.de

Inhalt

Vorwort

Sich damit zu trösten, dass ein Armer größere Chancen hat als ein Reicher, in den Himmel zu kommen, genügt uns nicht. Wir wollen mit unserem Ratgeber die Frage beantworten, wie er schon vorher des paradiesischen Lebens teilhaftig werden kann – nicht mehr, aber auch nicht weniger.

Dazu muss sich zuerst die Einstellung zu unserem Dasein ändern. Armut schändet nicht. Im Gegenteil: sie ist ein Zustand, der nicht nur im Neuen Testament verherrlicht und mit Weisheit und innerer Harmonie in Verbindung gebracht wurde.

Buddha und der heilige Franziskus verschmähten ihr Erbe, um diese Gnade zu erlangen.

Laudse war schon immer ein armer Schlucker.

Diogenes lebte in einer Tonne, während Sokrates sich gelegentlich des Anblicks von Luxusgütern befriedigt äußerte: »Wie zahlreich sind doch die Dinge, derer ich nicht bedarf.«

Und als der Dichter Johann Karl Wezel mit 220 Thalern in der Tasche von Wien nach Sondershausen zurückkehrte, teilte er sie sich so ein, dass er in den nächsten zehn Jahren jeden Tag eine Pellkartoffel und einen Hering essen konnte. Sein nächtliches Vergnügen bestand darin, dass er reiche Reisende erschreckte, indem er aus dem Wald auf ihre Kutsche sprang und durch die Fenster »Huhu!« rief.

Ohne diesen extremen Formen der Genügsamkeit das Wort zu reden, müssen wir doch festhalten, dass der natürliche Zustand des Menschen die Armut ist.

Der Cro Magnon war arm – vom Neandertaler nicht zu reden –, die Trichterbecherleute waren es, die Ost- und die Westgoten und die übergroße Mehrzahl all unserer Vorfahren bis hin zu unseren Großeltern, die sich noch von geschnitzelten Kohlrüben ernährten. Erst als vor ca. 50 Jahren die Lebensmittelkarten abgeschafft wurden, schien die Armut in unseren Breiten besiegt.

Nun, da sie zurückgekommen ist, wenn auch nicht in Form des Hungers, sollten wir sie als Gelegenheit begrüßen, einerseits zu unseren Wurzeln zurückzukehren und andererseits zu neuen Höhenflügen des Geistes aufzubrechen.

Was haben wir der Armut nicht alles zu verdanken!

Ohne sie gäbe es keine Philosophie, keine Gewerkschaften und keine selbstgedrehten Zigaretten.

Reichtum bedeutet Schlaffheit, Überdruss und Langeweile; Armut die Anregung sämtlicher zur Selbstbehauptung notwendiger Lebensgeister.

Lassen Sie uns stolz darauf sein, was wir alles nicht brauchen. Und lassen Sie uns gemeinsam Wege finden, das, was wir brauchen, mit Würde und Intelligenz zu erwerben und zu nutzen. Sollten Sie nicht zu den Bewohnern unserer Hauptstadt zählen, verzagen Sie nicht und denken Sie daran: Berlin ist überall.

Wie werde ich arm?

Für einen Teil unserer Leser mag diese Frage blasphemisch klingen, weil sie es schon sind und als Student, Sozialrentner oder Fensterputzer mit 3 unterhaltspflichtigen Kindern den Zustand der Mittellosigkeit zur Genüge kennen. Wir aber fühlen uns auch denjenigen verpflichtet, die den Weg in die Armut noch vor sich haben.

Die Möglichkeiten dazu sind vielfältig.

Man braucht nur über einen gewissen Zeitraum hinweg mehr Geld auszugeben als man hat. Man kann diesen Prozess durch Kreditaufnahmen, Umzüge, Lotto- und andere Wettspiele verlangsamen oder beschleunigen – am Ende wird er immer zum Ziel führen.

Gleichermaßen können Krankheiten hilfreich sein, Heiraten oder Scheidungen, wenn man dafür die richtigen Partner findet. Man kann sich durch Überschwemmungen ruinieren, falls man nicht versichert ist, oder durch Versicherungen, wenn die Überschwemmungen ausbleiben.

Wen das Unglück einer reichen Erbschaft trifft, muss damit nicht wie Buddha oder der heilige Franz verfahren. Man kann sie auch in besonders gewinnversprechenden Aktien anlegen, eine Firma gründen oder verschleudere sie einfach durch Kauf von Häusern, Luxuslimousinen und Reisen mit Kreuzfahrtschiffen. Reichtum ist nichts anderes als Armut auf hohem Niveau. Wenn man das Geld nicht mit Gewalt festhalten will, wird man es schnell los sein.

Am leichtesten ist die Armut allerdings durch Arbeitslosigkeit zu erreichen, diese wiederum durch fremde oder eigene Kündigung, beispielsweise um der täglichen Fremdbestimmung zu entgehen und Freiberufler zu werden. Von da ist es nur noch ein kurzer Schritt, bis Sie zum Arbeitsamt gehen und ALG II beantragen dürfen.

»Das Reich der Freiheit beginnt in der Tat erst da, wo das Arbeiten, das durch Not und äußere Zweckmäßigkeit bestimmt ist, aufhört.« (Karl Marx)

Fürchten Sie ihn nicht! Zwar wird sich derjenige leichter tun, der nie durch viel Geld belastet wurde, aber gerade dem in der Armut Ungeübten kann sie zu einer Bereicherung werden, die ihm sonst entgangen wäre.

Sollten Sie entschlossen sein, Ihre mehr oder weniger unterbezahlte Erwerbstätigkeit nicht aufzugeben, so lesen Sie bitte trotzdem das folgende Kapitel, um zu verstehen, dass auch die Arbeitslosigkeit eine viel zu wenig gewürdigte Form der Arbeit darstellt. Außerdem können Sie etwas über den Umgang mit Behörden lernen, falls Sie einmal einen Antrag auf Gewährung von Wohngeld, Erziehungsgeld, Kindergeld, Bafög oder Sozialrente stellen wollen.

Wir stellen einen
»Antrag auf Leistungen zur Sicherung des Lebensunterhalts nach dem Zweiten Buch Sozialgesetzbuch (SG BII)«

Zu diesem Zweck begebe man sich mit einer Klemm-Mappe, in der Lohnsteuerkarten, die letzten Einkommenssteuerbescheide oder Lohnabrechnungen, gegebenenfalls die Kündigung, auf jeden Fall aber der Mietvertrag und die aktuellen Auszüge des Kontos liegen, das man vorsichtshalber gegen Null gebracht haben sollte, zum zuständigen Arbeitsamt.

Nehmen wir an, es ist das von Berlin Kreuzberg-Friedrichshain. Es befindet sich dort, wo sich zuvor das Arbeitsamt Berlin Kreuzberg befand, in einem zwischen Friedrichstraße und Charlottenstraße gelegenen Block aus der Zeit, als Berlin noch Reichshauptstadt war. Der Haupteingang befindet sich auf der Rückseite und ist an den davor abgestellten Fahrrädern und den nicht weniger zahlreichen Männern kenntlich, die Pommes rotweiß essen.

Im Empfangsraum erwartet Sie das Ende einer Schlange, die sich vorn verzweigt und in Schaltern wie bei der Post mündet. Eine rote Linie markiert den Abstand, ab dem die Diskretion beginnt. Wenn Sie sie überschritten haben, wird man Ihnen erklären, dass Sie sich ins Gebäude B zu begeben haben. Wo ist das Gebäude B? Es ist über das Gebäude C, einen Lichthof und das sich anschließende Treppenhaus zu erreichen. Vorsicht, man ist beim Umbauen.

Schlagen Sie sich also bis zum Gebäude B durch und dort bis ins erste Stockwerk, wo Sie das Informationszentrum finden werden, eine Art Bar, an der, nun ja, Informationen ausgeschenkt werden. Muss man irgendwo eine Nummer ziehen? Nein, es gibt eine rote Diskretionslinie, hinter der einige Mitbewerber stehen. Man reihe sich ein, trage sein Anliegen vor und warte, bis der eigene Name aufgerufen wird.

Ihr Name wird aus einem Zimmer in einem der angrenzenden Korridore gerufen werden. Sie treten durch die offen gelassene Tür ein und finden dort womöglich eine kleine, grauhaarige Frau vor, die sehr aufrecht hinter ihrem Schreibtisch sitzt. Sagen Sie ihr, dass Sie einen Antrag auf Gewährung von Arbeitslosengeld (nicht: -hilfe) II stellen wollen. »Hier ist er«, wird die Frau sagen und Ihnen ein mehrseitiges Formular reichen. Sagen Sie »Herzlichen Dank« und gehen Sie wieder.

Sollten Sie aber zuvor auf die Idee kommen und eine Frage in der Art stellen wollen wie »Mein Fall ist allerdings nicht ganz gewöhnlich, weil ich bisher als Freiberufler gearbeitet habe ...«, so bewahren Sie angesichts der Antwort die Fassung. – »Dazu sage ich gar nichts«, wird die Frau antworten und fest ihre Lippen schließen. Nehmen wir an, Sie fragen weiter: »Aber vielleicht können Sie mir sagen, wieviel ich zusätzlich zu meiner Unterstützung verdienen darf«, so werden Sie hören: »Dazu sage ich gar nichts.« – »Und wie ist die derzeitige Regelung der Wohnraumfrage? Gilt die Quadratmeterzahl oder die Höhe der Miete?« – Jetzt haben Sie den Bogen überspannt. Das zartbeflaumte Kinn der Frau wird wie vor einem Weinanfall zu zittern beginnen und sie wird kaum noch hörbar sagen: »Dazu sage ich gar nichts. Füllen Sie bitte das Formular aus und wenden sich damit an die Antragsbewilligungsstelle.«

Jetzt müssen Sie ganz stark sein.

Zur Ausfüllung Ihres Antragsformulars – von dem Sie sich sicherheitshalber drei Exemplare geben lassen sollten – ziehen Sie sich am besten mit Ihrem Partner in den gemütlichsten Winkel Ihrer Wohnung zurück, schalten beruhigende Musik ein und öffnen eine Flasche des guten Dornfelders von Aldi. Nichts überstürzen! Jede Frage mehrmals laut vorlesen, bis einer von Ihnen ihren Sinn verstanden hat. Sollte das nicht gelingen, die Frage unbeantwortet lassen. Im Zweifelsfall grundsätzlich die entsprechenden Spalten frei lassen. Zum Schluss schwungvoll unterschreiben und auf gutes Gelingen anstoßen.

Wenn Sie am nächsten Besuchstag den Haupteingang des Arbeitsamtes verschlossen vorfinden, brauchen Sie nicht zu erschrecken. Das Amt ist umgezogen, befindet sich nun gegenüber des Springer-Hauses und heißt »Jobcenter«. Sie erkennen es an einem Menschenauflauf wie vor einem Kaufhaus, das seine Eröffnung mit Billigangeboten feiert. Einige der Arbeitslosigkeit entrissene Sicherheitskräfte mit Baskenmützen, die Nahkampferfahrung suggerieren, versuchen, des Besucherstroms Herr zu werden. Vergeblich, denn der Eingang ist zu klein geraten, den schmalen Bürgersteig blockieren umgestürzte Fahrräder, für die niemand Ständer aufgestellt hat. Die Leute von der Security werden durch den engen Vorraum bis zum Fahrstuhl getrieben, vor dem sich die Masse verkeilt. »Bitte benutzen Sie auch die Treppen.« – »Zur Antragsbewilligungsstelle? In den dritten Stock und dann den langen Korridor entlang bis zum Raum 305.«

In Treppenhaus und Korridor lagert man auf dem Fußboden, das Schlangenende aus dem Raum 305 schwänzelt unruhig bis in den Vorraum. Stellen Sie sich an!

Eine Stunde später. Sie sitzen in einer der Kunststoffschalen rings an der Wand und haben inzwischen das herrschende Ordnungsprinzip begriffen. Das heißt, Sie haben begriffen, dass es keines gibt, denn das »Jobcenter« ist ein modernes Dienstleistungsorgan und als solches der offenen Gesellschaft verpflichtet. Keine Nummern zu ziehen, keine, die über Türen aufleuchten, überhaupt keine Türen, weil es auch keine Zimmer gibt, keine marmorverkleideten Treppenhäuser mehr oder gedrechselte Geländer. Der Raum 305 erinnert an das Großraumbüro in *The Apartment*, mit dem Unterschied, dass auch die niedrigen Trennwände weggefallen sind.

In der einen Hälfte drängt sich Schreibtisch an Schreibtisch, während in der anderen die wartenden Antragsteller sich mit raunendem Gemurmel, ins Nichts gerufenen Fragen und einzelnen Verzweiflungsschreien Luft zu machen versuchen. Die Antragsteller stellen einen repräsentativen Bevölkerungsquerschnitt des Bezirks Friedrichshain-Kreuzberg dar, mit einer leichten Überbetonung des Ausländeranteils, was daher kommen mag, dass sich diese Menschen nur ungern allein in die Öffentlichkeit wagen und den Schutz der Familie suchen. Problematisch ist, dass ihnen häufig das Verständnis der deutschen Sprache fehlt und damit das der Situation, in der sie sich befinden. Doch damit sind sie nicht allein. Auch Sie, die Sie hoffentlich mit fesselnder Lektüre versorgt sind, können nur hoffen, am richtigen Platz zu sein.

»Berlin-Ticket!«

Plötzlich lösen sich einige Wartende aus ihrer Befangenheit und scharen sich um die Frau, die diesen Ruf erschallen ließ.

Dann bilden sie eine separate Reihe, um einer nach dem anderen, nach Vorlage ihrer Papiere, ein anderes, kleineres Papier in Empfang zu nehmen, das sie zu verbilligten U-Bahnfahrten und Theaterbesuchen und kostenlosem Museumseintritt berechtigt. Die Glücklichen! Werden auch Sie einmal in den Genuss dieser Privilegien kommen?

Zwei Stunden später. Nachdem Sie Ihren Hintermann gebeten haben, Ihren Platz freizuhalten, kehren Sie vom Verzehr von Pommes rotweiß in den Raum 305 zurück. Von jetzt an dauert es nur noch eine knappe Stunde, bis Sie den Kopf der Schlange bilden und von der Frau, die »Berlin-Ticket!« gerufen hat, an einen freien Schreibtisch geführt werden.

Die daran sitzende dickliche junge Frau sagt nicht, dass sie nichts zu sagen hat, sondern sie sagt überhaupt nichts. Stattdessen macht sie mit ihrem Bleistift an jede beantwortete Frage einen Haken und an drei von ihnen ein Kreuz. Eine Bescheinigung des Arbeitgebers können Sie nicht vorlegen, da Sie keinen haben, sondern freiberuflich sind, versuchen Sie ihr zu erklären – ein angesichts des herrschenden Lärmes schwieriges Unterfangen. »Und wo ist die schriftliche Bestätigung Ihres Vermieters über die gegenwärtige Miethöhe?«, schreit sie zurück. »Die geht doch aus den Kontoauszügen hervor.« – »Das reicht nicht. Bringen Sie diese Bestätigung und das vollständig ausgefüllte Formular beim nächsten Mal mit. Auf Wiedersehen.«

Nach dem Gesetz der Serie bricht jede einmal ab und Sie werden irgendwann Glück haben und auf eine Mitarbeiterin treffen, die voller Verständnis für Sie ist, Ihnen beim Ausfüllen der noch offenen Fragen hilft und Ihren Antrag entgegennimmt. Nun können Sie auf eine Antwort warten.

Im Laufe des nächsten Monats werden Sie von Ihrem Jobcenter mehrere Schreiben erhalten, die »mit Hilfe einer elektronischen Datenverarbeitungsanlage gefertigt und deshalb nicht unterschrieben« sein werden, was deren Rechtswirksamkeit nicht beeinträchtigt. Unabhängig von Ihren Antworten werden Sie darin gebeten werden, verschiedene Unterlagen nachzureichen, die Sie bereits dem Antrag beigefügt hatten.

Denkbar ist auch ein Schreiben folgenden Inhalts:

»Sie beziehen laufend Leistungen zur Sicherung Ihres Lebensunterhalts. Während des Bezugs dieser Leistung sind Sie verpflichtet, nach § 60 (1) Nr. 3 SGB I im Leistungsverfahren mitzuwirken. Dabei haben Sie Beweismittel zu bezeichnen und Beweisurkunden vorzulegen oder ihrer Vorlage zuzustimmen. Ihre Pflicht zur Angabe aller Tatsachen, die für die Geldleistungen erheblich sind, besteht nach § 60 (1) Nr. 1 SGB I und bleibt davon unberührt ... Sollten Sie bis zum o. g. Termin nicht antworten bzw. die angeforderten Unterlagen nicht einreichen, werde ich die Geldleistung bis zur Nachholung der Mitwirkung ganz versagen.«

Jetzt sollten Sie nicht die Nerven verlieren und eiskalt zurückschlagen. Der Automat bzw. die ihn bedienende Mitarbeiterin hat einen Fehler begangen, den Sie nicht ungestraft durchgehen lassen können. Antworten Sie etwa in diesem Stil:

JobCenter Berlin Friedrichshain-Kreuzberg
BG ██████████████

Berlin, den ███████

Sehr geehrte Frau ██████████,

Sie drohen dem Falschen. Ich beziehe NICHT laufend
Leistungen, sondern bin seit 15 Jahren freiberuflicher
Steuerzahler, der ein Anrecht darauf hat, bei seinem
Antrag auf Zahlung von ALG 2 freundlich unterstützt zu
werden. Stattdessen habe ich bisher nur überlastete oder
unwillige Mitarbeiter kennen gelernt, die mir falsche
Formulare aushändigten, keine oder irreführende Aus-
künfte gaben usw.

WELCHEN Nachweis über meine Einnahmen und Ausgaben
wollen Sie eigentlich? In meinen Unterlagen findet sich
der ESt-Bescheid des vergangenen Jahres sowie aktuelle
Kontoauszüge. Das IST der rechtsgültige Nachweis.
Gleichzeitig habe ich Ihnen angeboten, die ESt-Erklärung
dieses Jahres nachzureichen. Darauf haben Sie NICHT
GEANTWORTET, sondern mir durch Ihren Automaten eine
Drohung geschickt, die von den falschen Voraussetzungen
ausgeht, nämlich dass ich Bezieher von Leistungen bin.

Bevor Sie jetzt wieder den falschen Knopf auf Ihrer Maschine drücken, überlegen Sie einen Moment, sehen meine
Unterlagen durch und benutzen, falls Sie nicht schreiben
und mir einen Termin für ein Gespräch mitteilen wollen,
den anderen Apparat auf Ihrem Schreibtisch. Ich meine
das Telefon, mit dem Sie mich unter der Nummer 78524823
erreichen und sich mit mir FREUNDLICH unterhalten können,
welche Unterlagen Sie noch benötigen.

Sollten Sie sich aber nur in Form von DROHUNGEN ver-
ständigen können, so mache ich Sie darauf aufmerksam,
dass ich mir eine solche Behandlung nicht bieten lasse
und den Weg zur BESCHWERDE bzw. in die Öffentlichkeit
einschlagen werde. Zwar arbeite ich nicht mehr als
Journalist, aber mein Handwerk verstehe ich noch immer.

Mit freundlichen Grüßen

██████████████████

Wahrscheinlich werden Sie, wie der Absender obigen Schreibens, nach drei Tagen einen Brief des JobCenters erhalten. Lassen Sie sich nicht von seiner Dicke abschrecken und öffnen Sie ihn. Es sind keine neuen Formulare darin, sondern sogenannte Berechnungsbögen, in denen detailliert aufgeführt wird, woraus sich die, sagen wir, 807,52 Euro zusammensetzen, die Sie in Zukunft monatlich erhalten werden.

Öffnen Sie eine neue Flasche Dornfelder. Das Schreiben ist zwar mit Hilfe einer elektronischen Datenverarbeitungsanlage gefertigt worden und deshalb nicht unterschrieben, aber »für die Rechtswirksamkeit ist die Unterschrift nicht erforderlich«.

Antworten Sie in der Folge auf Schreiben des JobCenters immer erst kurz vor Ablauf der Frist und stellen Sie nie selbst Fragen. Abgesehen davon, dass Sie weder am Telefon noch in persona Ihre Betreuerin erreichen werden, erinnern Sie sich der Erfahrungen bei der Antragstellung und handeln fortan nach der bewährten Devise: »Gehe nie zum Fürscht, wenn Du nicht gerufen wirscht.«

Zu Hause ist es
am schönsten

Gleichgültig, ob Sie als Arbeitslosengeld- oder Bafög-Emp-fänger, als Frührentner, Teil- oder Vollarbeitskraft Ihren Le-bensunterhalt erwirtschaften: im Interesse der Geldersparnis verdient Ihre Wohnung mehr Aufmerksamkeit als ihr ge-wöhnlich gewidmet wird. Sollten Sie frischgebackener Hartz-IVler sein, gilt es jetzt, ein weiteres Mal Durchhaltevermögen zu zeigen. Möglicherweise überschreitet Ihre Wohnung die Normgröße, und man will Sie in eine kleinere umquartieren. Lassen Sie sich unter keinen Umständen darauf ein, sondern erst einmal, sagen wir wegen eines chronischen Leiden des Magen-Darm-Traktes oder des Nervensystems, krankschrei-ben (was auch für den Fall, dass man Ihnen einen 1,50-Euro-Job anbietet, günstig ist). Sollte das Gutachten des sozialpsy-chiatrischen Dienstes oder einer anderen ärztlichen Instanz negativ ausfallen, so bleiben Sie trotzdem in Ihrer Wohnung! Diese kann gar nicht groß genug sein, denn nach der Befrei-ung vom täglichen Arbeitszwang wird sie, neben der Straße, der bevorzugte Raum Ihrer Selbstentfaltung sein. Nehmen Sie lieber in Kauf, dass Sie nicht die volle Miethöhe erstattet be-kommen, und gleichen Sie Ihr Budget durch Untervermietung oder eine der zahlreichen Nebenverdienstmöglichkeiten aus, auf die wir in der Adressenliste hinweisen.

Ein gemütliches Heim ist nicht mit Gold aufzuwiegen, aber auch rein finanziell zahlt es sich aus. Zu Hause brauchen Sie keinen Eintritt zahlen und auch sonst leben Sie viel billiger als zur gleichen Zeit in Gaststätten, Cafés oder Kneipen. Sie können rauchen, so viel Sie wollen. Sie können kostenlos in Ihrem Sessel Bücher aus dem Antiquariat lesen und dabei Wohlthat's wohlfeile CD-Musik hören. Den Sessel können Sie sich auf den regelmäßig in Moabit-West abgehaltenen Sperrmüllmärkten (siehe: »Adressen«) besorgen oder aber bei türkischen Trödlern, wobei Ihnen zugute kommen wird, dass unsere anatolischen Freunde Einheitspreise bevorzugen und die abendländische Stilgeschichte ignorieren. Ihre Küche können Sie ebenfalls auf diese Weise möblieren und darin preiswert kochen. Sie können kalt oder um den Preis einer etwas höheren Stromrechnung auch regelmäßig heiß duschen. Sie können sich auf dem Balkon oder vor dem Küchenfenster einen Kräutergarten anlegen. Sie können in Ihrem Bett schlafen oder sich mit einem Partner Ihrer Wahl am Liebesspiel erfreuen, vorausgesetzt er will es ebenfalls. Zu diesem Zweck können Sie auch den Sessel, den Tisch, den Teppich oder den Balkon nutzen, in welchem Fall Sie allerdings vorher den Sonnenschirm aufspannen sollten, um die Mieter über Ihnen nicht zu verärgern. Sie können im Fernsehen zwischen zwei bis drei Dutzend Programmen wählen, während Sie im Kino bei einem Film ausharren und mit Ihren Nachbarn den Kampf um die Armlehnen führen müssen.

Allerdings sollten Sie sich darauf einstellen, dass mit der GEZ eine Organisation existiert, die Ihnen diese Ruhe nicht gönnt. Doch gibt es keinen Grund zur Panik.

Eine Begegnung mit den Kontrolleuren der GEZ lässt sich vermeiden, wenn man berücksichtigt, dass sie sich in der Regel zwischen 18 und 19 Uhr einfinden. Sie können in dieser Zeit einen Vorabendspaziergang machen oder die aus den Zeiten der Stromsperre bekannte Dunkelstunde wieder einführen, indem Sie sich bei Kerzenschein auf das Sofa legen und sich selbst oder Ihrem Partner leise Geschichten erzählen.

Tipp für die Dunkelstunde etc.: Das Licht nicht für Kleinigkeiten wie Toilettengänge einschalten. Lieber eine Weile brennen lassen als ständig ein- und ausschalten, denn was die Kosten in die Höhe treibt, ist weniger die Dauer des Stromverbrauchs als die häufigen Einschaltungen. (Siehe: Hans Fallada, »Wer einmal aus dem Blechnapf frißt«.)

Regnet es also draußen oder Sie haben aus anderen Gründen keine Lust auf einen Spaziergang und es klingelt: Öffnen Sie einfach nicht. Wer soll es schon sein, der in Zeiten des Telefons unangemeldet an Ihrer Tür läutet, außer einem GEZ-Kontrolleur oder zwei Zeugen Jehovas, die mit Ihnen über die Bibel sprechen wollen? Sollten Sie Interesse an einer kostenlosen Bibel haben, lässt sich leicht mit einem Blick durch den Spion klären, wer vor der Tür steht: der GEZ-Beamte ist stets allein, die Zeugen Jehovas sind zu zweit. Vorher die Schuhe auszuziehen, wenn Sie zum Spion schleichen!

Es gibt Umstände im Leben, unter denen man die GEZ vergisst und sich, erfreut über unerhofften Besuch, von einem Läuten dazu verleiten lässt, die Tür zu öffnen. Steht dann ein Mann mit einer Erkennungsmarke und einer Schreibmappe vor Ihnen und fragt, ob Sie einen Fernseher oder ein Radiogerät besitzen, leugnen Sie es rundheraus. Lassen Sie sich auch nicht davon irritieren, dass Sie über Kabelanschluss verfügen, denn das Datenschutzgesetz verhindert den Zugriff der GEZ auf diese Information. Haben Sie unglücklicherweise das Radio laufen, wird der Beamte fragen:

»Aber höre ich nicht Musik?«

»Das ist eine von Wohlthats wohlfeilen CDs.«

»Aber wem gehört diese Stimme?«

»Das ist mein Onkel auf Besuch.«

»Und was sehe ich da hinten?«

»Da hinten sehen Sie überhaupt nichts!«

Schlagen Sie einfach die Tür zu und kümmern Sie sich nicht mehr um den Mann. Im Höchstfall wird er noch einmal klingeln, aber Ihre Wohnung darf er, wie auch Ihr Vermieter, nur in Gesellschaft eines mit einem Durchsuchungsbefehl ausgestatteten Polizisten betreten. Die Polizei hat aber infolge von Personalnot Wichtigeres zu tun, als nach Ihrem Fernseher zu fahnden.

Und selbst wenn der schlimmste anzunehmende Unglücksfall eintreten sollte und man Sie zu einer Gebührennachzahlung verurteilt, gibt es keinen Grund zur Verzweiflung. Wenn Sie regelmäßig Ihr Konto leer geräumt haben, kann man, wie bei unerlaubter Nebenarbeit auch, nur Ratenzahlungen von Ihnen beanspruchen. Wobei sich geringer Verdienst insofern auszahlt, als man dann weniger verlangen kann.

So macht
das Einkaufen Spaß

Ob Sie zu viel oder zu wenig freie Zeit haben, dem Einkauf von Lebensmitteln sollten Sie stets die ihm gebührende Aufmerksamkeit schenken. Bewusst gestaltet, wird er nicht nur Ihr Budget entlasten, sondern Ihnen auch regelmäßige soziale Kontakte bescheren – sei es zu den Verkäuferinnen, zu den Stammkunden oder zu den Türaufhaltern –, auf die Sie sonst verzichten müssten. Um die Kontakte zu pflegen, sollten Sie nie mehr als für zwei oder drei Tage einkaufen.

> *»begehrt man sehr, gibt man viel her*
> *viel horten macht die speicher leer«*
> *(Laudse)*

Bei entsprechender Hingabe werden Sie bald ein Experte für die Eigenarten der verschiedenen Supermärkte und der darin angebotenen Waren werden. Achten Sie dabei nicht nur auf ihren Preis, sondern auch auf die Qualität, die sich natürlich nur durch persönlichen Gebrauch ermitteln lässt, wenn auch die Kennzeichnung »Warentest: Gut« durchaus der Beachtung wert ist.

Die nachfolgenden Produktempfehlungen sind Ausdruck unseres persönlichen Geschmacks. Wichtig sollte aber auch für Sie sein, sich den Anspruch auf eine gesunde und schmackhafte Ernährung zu erhalten. Fertiggerichte also eher vermeiden und keinesfalls bei den Spaghetti und verwandten Teigwaren sparen. (Preise: Stand Herbst 2007)

ALDI
- Natives Olivenöl »La Villa«, 2,99 €
- Balsamico-Essig rosso und blanco
  »La Villa«, 0,99 €
- Ungarische Salami (nur an der Kasse erhältlich,
  da sie häufig geklaut wird), 3,29 €
- Parmesankäse »Parmigiano Reggiano«, 12,99 €/kg
- Edle Matjesfilets, nordische Art in Pflanzenöl,
  »delikato«, 0,95 €
- Hühnerfrikassee mit zartem Gemüse, tiefgefroren, »schnell & lecker« (Goldener Preis der DLG,
  2005), 1,09 €
- Pelmeni »Russische Art«, tiefgefroren, 1,99 €
- Junge Erbsen, extra fein, »King's Crown«, 0,49 €
- Serrano-Schinken, luftgetrocknet, »Casa de
  Calidad«, 1,59 €
- Rotwein »Dornfelder Qualitätswein, trocken«,
  1,59 €
- Weißwein »Pinot Grigio, italienischer Qualitätswein, trocken«, 2,99 €
- Erdnussberge, Vollmilch oder Zartbitter,
  (nur im Winter), 1,29 €

KAISER'S
- Senfgurken »Spreewaldhof«, 1,29 €
- Gurkenhappen nach schlesischer Art
  »Spreewaldhof«, 1,09 €
- Sonnenblumenmargarine »Attraktiv&Preiswert«,
  0,65 €
- Deutsche Markenbutter »Attraktiv&Preiswert,
  1,19 €

- Thüringer Pflaumenmus »Mühlhäuser«, 1,49 €
- Aprikosenkonfitüre Extra »Attraktiv&Preiswert«,
  0,79 €
- Zuckerrübensirup »Original Grafschafter
  Goldsaft« 0,99 €
- Ziegenkäse »Der grüne Altenburger« (Stiftung
  Warentest: Gut), 2,09 €
- Frischkäsezubereitung mit Kräutern »Cremette«,
  0,59 €
- Leinöl »Spreewälderin«, 0,99 €
- Bautzener Senf (scharf), 0,29 €
- Tomatenketchup »Werder«, 1,49 €
- Alaska-Seelachsfilets, tiefgefroren, 1,99 €
- Ölsardinen mit Haut und Gräten »Princesse«,
  0,49 €
- Jodsalz mit Fluorid »Attraktiv&Preiswert«,
  0,19 €
- Schlagsahne »Attraktiv&Preiswert«, 0,37 €
- Speisequark (40 % Fett), 250 g, 0,45 €

REICHELT und NIEDRIGPREIS
- Bratheringe »Rügenfisch«(Vorsicht beim Öffnen,
  scharfes Blech!), 1,69 €
- Heringfilets mit Dillspitzen in Senfcreme
  »Gut & Günstig«, 0,79 €
- Spaghetti, Spaghettini und Tagliatelle
  »Butoni«, je 0,99 €
- Hausmacherleberwurst, 100 g, 0,99 €
- Parboiled Reis, Langkorn, »Gut & Günstig«,
  0,79 €
- Risotto Reis, Rundkorn, »Oryza«, 1,39 €
- Sternburg-Pilsner, 0,5 l, 0,52 €

RUDIS RESTE RAMPE
- »MARA«-Qualitäts-Gewürze von der Merschbrock-
  Wiese, je 0,99 €

Bei Reichelt sind die Papiertüten für den Abtransport der Waren zu empfehlen, weil sie sich außerdem als Mülltüten eignen. Sie stehen aufrecht, haben Henkel, sollten aber nicht mit noch unausgekühlten Zigarilloresten gefüllt werden, da sie sich leicht entzünden. Für Tabakwaren geben wir im Interesse des Nichtraucherschutzes keine Empfehlungen. An den Fleisch-, Wurst- und Käsetheken sollten Sie die Sonderangebote beachten. Garnelen erhalten Sie am preisgünstigsten bei Asiaten, Hammel- und Lammfleisch, Innereien, Obst und Gemüse bei türkischen Einzelhändlern im Wedding, in Neukölln oder Kreuzberg. Ein Besuch der Wochenmärkte ist erst kurz vor Marktschließung ratsam, da dann insbesondere Obst und Gemüse verbilligt abgegeben werden. (Besonders zu empfehlen ist mittwochs und samstags der Markt an der Großgörschenstraße und freitags der am Maybachufer; dort können Sie auf der Brücke auch Gebrauchtwagen erstehen.)

Auch bei der Wahl der Garderobe ist es trotz schmalen Budgets möglich, einen gewissen Stil zu wahren. Überlassen Sie die Arbeitskleidung – zu der bekanntlich die Jeans in allen ihren Abarten zählen – den Besserverdienenden und kleiden Sie sich nach der Devise »Nobel geht die Welt zu Grunde«. Anzüge zu kaufen kommt in der Regel billiger als getrennt Hose und Jackett. Ein Mantel aus Tuch gibt Ihnen ein höheres Selbstwertgefühl als ein Anorak.

Berlin ist die Hauptstadt der Secondhandläden, und die besseren von ihnen bieten eine breite Palette z. T. fabrikneuer Produkte aus den 60er und 70er Jahren, mit denen Sie gegenwärtig nach dem neuesten Stand der Mode gekleidet sind. Überdies können Sie speziell in den »Made in Berlin«-Läden ausgezeichnete Musik hören und sich von attraktiven Verkäuferinnen beraten lassen, wie überhaupt die Secondhandshops gute Möglichkeiten für zwischenmenschliche Kontakte bieten. Fragen Sie einfach Ihren Nachbarn oder Ihre Nachbarin am Hemden- oder Blusenkarussell »Finden Sie dieses Grün etwas grell?« oder ermuntern Sie sie oder ihn mit einem »Gute Wahl! Wie viel kostet denn dieses Teil?«. Antwortet er oder sie dann »Kannstu nich lesen? 12 Euro«, gehen Sie einfach weiter zu den Sakkos.

Den Umweg über die Gebrauchtwarenläden kann sich sparen, wer über ein traditionsbewusstes Elternhaus verfügt. Er oder sie kann sich aus den Kleiderschränken der Eltern, Großeltern und sonstigen Verwandten eine Garderobe zusammenstellen, mit der er oder sie auf Berlins Straßen durchaus für Aufsehen sorgen kann. Bei solchen Heimaturlauben sollte man sich auch in den Grundfertigkeiten des Schneiderns, Strickens, Häkelns oder Klöppelns unterrichten lassen, die es bei der Ungewissheit künftiger Zeiten verdienen, nicht in Vergessenheit zu geraten. Allein bei der eigenhändigen Kürzung von Hosen sparen Sie pro Bein etwa 6 Euro. Das Schneidern ist einfacher als man denkt, wenn wir uns beispielsweise des Budapester Journalisten erinnern, von dem Sándor Márai berichtet. »Einer der Modehelden seiner Zeit«, schreibt er, »der aus politischen Gründen längere Zeit im Gefängnis verbrachte, schneiderte sich aus gestreiftem Gefangenentuch eigenhändig einen Anzug, den er sodann mit viel Würde und Selbstverständlichkeit trug.«

Schwieriger ist die Schuhfrage zu lösen. Bekanntlich gilt der erste Blick bei der Taxierung von Mitmenschen ihrer Fußbekleidung. Also, was immer Sie für Schuhe tragen – ich gehe davon aus, dass es keine Sportschuhe sind –, halten Sie sie immer in gut geputztem Zustand. Das kann über gewisse Mängel des Materials und der Verarbeitung hinwegtäuschen, die übrigens keineswegs auf die preisgünstigen Modelle beschränkt sind. Auch teure Markenschuhe werden nach dem Prinzip hergestellt, dem unsere Wirtschaft ihre Prosperität verdankt: nämlich dass man sie nach spätestens einem Jahr wegwerfen kann. Vorsicht besonders bei Schuhen mit angegossenen Sohlen! Wenn diese brechen oder sich Löcher in ihnen auftun, in denen sich Steine oder kleine Kastanien sammeln, können Sie sie nicht zum Schuhmacher bringen und neu besohlen lassen.

Zum Glück haben jetzt u. a. in der Potsdamer Straße, der Hermannstraße und der Müllerstraße (Wedding) einige Läden eröffnet, in denen türkische Damen- und Herrenschuhe zu Preisen zwischen 15 und 25 Euro angeboten werden. Sie zeichnen sich durch den Glanz ihres Kunstleders, Hartgummisohlen, erhöhte Absätze und ein modisch zugespitztes Vorderteil aus. Sie brauchen nur mit einem feuchten Lappen darüber zu gehen, und schon glänzen sie wie frisch geputzt. Ob im Wettbüro, auf dem Sportplatz oder in der Staatsoper – mit diesen Schuhen können Sie sich überall sehen lassen.

Wer unbedingt der Exklusivität huldigen will, sollte sich eine Einladung zu einer privaten Schuhparty verschaffen oder aber selbst eine veranstalten, um sich das nötige Kleingeld für die preisgesenkten Designerschuhe spanischer Herkunft zu verdienen. Informationen hierzu unter: www.prachtstueck.de.

Klimawandel hin oder her – da Sie nicht zu den Anorakträgern gehören, werden Sie in Berlin nicht ohne Regenschirm auskommen. Wir sind uns sehr wohl der Tragweite dieses Satzes bewusst. Wer hat nicht schon in einem einzigen Jahr drei Regenschirme verloren! Neben Sonnenbrillen und Handschuhen gehören sie zu den Gebrauchsgegenständen mit dem höchsten Verflüchtigungsquotienten. Hinzu kommt bei den Regenschirmen, dass man auch an ihrem Besitz nie die rechte Freude hat. Wie öffnet, wie schließt man sie, ohne sich den Finger einzuklemmen? Was tun, wenn das Ding mal wieder der Sturm umgestülpt und dabei eine Strebe gebrochen oder sich die Bespannung von ihr gelöst hat? Ein Stockschirm ist zu unhandlich, ein Knirps gleicht einer etwas größeren Handgranate, die jeden Moment explodieren kann. Hat man sich endlich an einen neuen Schirm gewöhnt, ist er schon wieder verschwunden.

Unter diesen Umständen ist es weder zu empfehlen, sich zu einer teuren Anschaffung hinreißen zu lassen, noch eines der Billigexemplare für 2,50 Euro zu erstehen, weil diese für alles geschaffen scheinen, nur nicht, um den Regen abzuhalten. Am einfachsten ist es noch, bei Unwetter sich einfach im Schirmständer eines Lokals zu bedienen, denn die meisten der dort abgelegten Schirme sind vermutlich ebenfalls geklaut. Oder Sie gehen zum Fundbüro der BVG in der Potsdamer Straße und melden den Verlust Ihres Schirmes vor drei Tagen in der U6. »Welche Farbe hat er?« – »Schwarz«, sagen Sie am besten. – »Ist er das?« – »Oh ja, da ist ja das gute Stück.« Wenn Sie den Schirm auf der Straße öffnen, können Sie zwar nicht sicher sein, dass er nicht ebenso die Flügel hängen lässt wie das Exemplar, das Sie gerade wutentbrannt in einen Pa-

Tipp: Die BVG versteigert regelmäßig nicht nur Regenschirme, sondern auch Hüte, Fahrräder, Koffer, Skiausrüstungen, Badehosen, Schulmappen etc. Ort und Termine siehe unter: »Adressen«.

pierkorb gefeuert haben. Aber die Fundbüro-Variante hat noch einen anderen Vorteil: vielleicht entdecken Sie dort einen Gegenstand, der Ihnen so sehr zusagt, dass Sie ihn bei einem nächsten Besuch als vermisst melden.

Um nicht missverstanden zu werden: Wir reden nicht dem illegalen Besitzerwerb, jedenfalls nicht dem professionellen Diebstahl das Wort. Wie sagt die gute Frau Wolff im »Biberpelz«: »Aber stehlen ... nee. A bissel mausen, ja.«

Vom Ladendiebstahl beispielsweise müssen wir unbedingt abraten. Er hebt zwar den Adrenalinspiegel und fördert die Verdauung, wenn es aber in die Hose geht, sind die Unannehmlichkeiten um so größer. Das Autorenpaar hat damit unliebsame Erfahrungen gemacht, die es Ihnen an dieser Stelle nicht vorenthalten will. Als der männliche Teil des Paares zum ersten Mal das »Kaufhaus des Westens« betrat – er selbst kam aus dem Osten – war er von der Pracht und Fülle der Waren so überwältigt, dass er dem weiblichen Teil unbedingt ein Geschenk mitbringen wollte. Leider stand dem sein Mangel an Bargeld entgegen, so dass er das ausgewählte Objekt – ein paar feine Wildlederhandschuhe – selbst anzuziehen versuchte, was sich infolge seiner etwas zu großen Hände schwieriger als erwartet gestaltete. Ein Kaufhausdetektiv hatte den Akt beobachtet und stellte den Delinquenten auf der Rolltreppe. Was für eine Peinlichkeit, als er in das Kaufhausdetektivbüro abgeführt wurde, und man ihm dort die Handschuhe von seinen Langfingern zerrte, nach seinem Personalausweis und, weil er den nicht dabei zu haben vorgab, nach seinem Namen fragte. »Thomas Richter«, sagte er, automatisch den Namen nennend, den er für solche Fälle seit seiner Kindheit im Gehirn gespeichert hatte. – »Wohnhaft?« – »Leninstraße 19.« Das war ein Fehler, das machte die Westpolizisten stutzig, und als sie mit Leibesvisitation drohten, gab er mit dem Ausweis auch seine wahre Identität preis.

Das ist aber nur der erste Teil der Geschichte. Der zweite folgte, nachdem der Dieb seine 50 DM Strafgeld überwiesen hatte und anschließend ein Schreiben des Kaufhauses erhielt, in dem zwei Einladungen für ein Gourmetessen in der Delikatessenabteilung des KaDeWe steckten. Seine Gefährtin rief beim Kaufhaus an und fragte, ob das überwiesene Bußgeld angekommen sei. – »Nein.« – »Wir haben aber die Quittung.« – »Oh, da ist etwas mit dem Computer schiefgelaufen. Haben Sie etwa eine Einladung zum Gourmetessen bekommen?« – »Nicht, dass ich wüsste.«

Am nächsten Sonnabend machten wir uns schick und trafen pünktlich um 20 Uhr im Kaufhaus ein. Alles war erleuchtet, die Männer trugen Tuchmäntel, die Frauen Pelze. Die Rolltreppen standen still, wir wurden im Fahrstuhl in den vierten Stock gebracht. Was wir dort erlebten, zwischen Hummern und Austern, Artischockenherzen, Gänselebern und rotem Champagner, überlassen wir der Phantasie des Lesers. Es brachte uns jedenfalls zu dem Entschluss, nie wieder in die Niederungen des gemeinen Ladendiebstahls herabzusteigen und stattdessen eine goldene Kundenkarte zu erwerben.

Diese Karte haben wir noch immer, dazu die von »Peek & Cloppenburg« und »Lafayette«. Das genügt, um bei einem kleinen Kaufhausbummel das Gefühl zu haben, wir gehören dazu, ja, im Grunde sind wir Mitbesitzer dieser Läden und der darin feilgebotenen Waren. Ein solcher Bummel ist in gewissen Abständen – und wir meinen hier *nicht* die Schlussverkaufszeiten, deren Diktat sich zu unterwerfen wir den Geizhälsen überlassen – durchaus empfehlenswert. Man kann dabei erstaunliche Entdeckungen machen. Ein Großteil unserer

Wintergarderobe stammt beispielsweise aus dem Januar 1993 – was bei der Zeitlosigkeit unseres Stils keine Rolle spielt –, als das Warenlager des Bekleidungsgeschäfts »Erdmann« in der Tauentzienstraße von einem Feuer heimgesucht wurde. Das Sortiment wurde demzufolge als »Brandware« ausgezeichnet und mit Preisnachlässen von bis zu 80 % zum Verkauf angeboten; kurz darauf schloss leider der Laden.

Wir betonen ausdrücklich, dass wir weder mit der Brandlegung etwas zu tun hatten noch zu einer Nachahmung auffordern, sondern nur, dass auch für den Armen die schönsten Trauben dieser Welt nicht zu hoch hängen müssen, wenn er mit offenen Augen durch diese wandelt.

Die Natur deckt
uns den Tisch

Um den ganzen Reichtum der Berliner Natur genießen zu können, sollten Sie unbedingt ein eigenes Fahrrad besitzen. Es gehört zu den relativ preiswerten Investitionen, die sich innerhalb kurzer Zeit auszahlen. Zwar sind die Zeiten vorbei, in denen Sie in den Kreuzberger Kneipen von Junkies frischgeklaute Fahrräder für 10 Euro erwerben konnten, doch gibt es noch immer Gelegenheiten genug für günstige Käufe. Neben den Versteigerungen der BVG sind das vor allem die zahlreichen Werkstätten, Handlungen und Märkte für gebrauchte Fahrräder (siehe: »Adressen«).

Tipp: Wenn Sie in Ihrer Umgebung ein jahrelang an einem Baum festgekettetes Fahrrad kennen - nicht den Baum umsägen. Es genügt ein Bolzenschneider oder eine Eisensäge oder Sie entfernen von einem Fahrrad die nicht angeschlossenen Räder, von einem anderen den Rahmen und vom nächsten den Lenker und bauen sich ein neues Rad zusammen.

Wir raten ausdrücklich von Mountainbikes ab. Erstens gibt es keine Mountains in Berlin, zweitens werden Sie durch diese Tretmaschinen verführt, an den Gaben der Natur vorbeizurasen oder sie gar niederzuwalzen, drittens macht sich an ihnen ein Körbchen schlecht, das wir unbedingt für unsere Zwecke brauchen. Sie können sich auch einen Anhänger zulegen, ein zweites Hinterrad mit vergrößerter Ladefläche, Sie können Ihr Gefährt mit Stereoanlage, Blinklichtern, Fähnchen, Korb oder Aussichtsplattform für Ihren Hund usw. ausstatten: dann wird es für Sie zum fahrenden Heim.

Wie dem auch sei: Erst von Ihrem Fahrrad aus werden Sie würdigen können, in welch grünem, wasserreichen Paradies Sie leben, dass Berlin seinen Beinamen »Spree-Athen« zurecht trägt, ja, dass der Wald, aus dem wir Deutschen kamen, hier noch immer um uns und bereit ist, zu einer gesunden und vitaminreichen Ernährung beizutragen.

Frühling

Sobald die Natur ihr erstes Grün zeigt – ja gerade dann auf besonders delikate Weise –, deckt sie auch unseren Tisch. Was wäre neben dem Fasten (dessen gesundheitsfördernde Wirkung es nicht nur aus Kostengründen wieder zu entdecken gilt) für eine Frühjahrskur besser geeignet als der Verzehr eines Salats aus frischen Wildkräutern? Junger Löwenzahn, wilder Schnittlauch, die zarten Blätter der Brennnessel, Schafgarbe und – seit die De-Industrialisierung der Mark wieder für sauberes Wasser in Dahme, Briese, Panke und Bäke sorgt – die der Brunnenkresse sind in Fülle auf den Wiesen und an den Bachläufen Berlins und seiner Umgebung zu finden. Außer zu Salaten lassen sie sich zu Suppen, Tees und Pesto verarbeiten. Ein Tellerchen »Stielmus«, gewonnen aus den Stengeln und Stielen des Gierschs oder Geißfußes, sollten Sie trotz seines üblen

Geruchs nicht verschmähen: Sie tun damit etwas gegen die ungehinderte Verbreitung dieses Unkrauts.

Zur beliebtesten Frühjahrskost ist zu Recht der Bärenlauch oder Bärlauch geworden. Im April und Mai können Sie das Sträußchen zu 2 Euro auf den Märkten kaufen – warum aber verbinden Sie nicht einen Ausflug zum Plänterwald oder Griebnitzsee mit einer Bärlauch-Ernte, nach der Sie Sträuße davon selbst am Straßenrand verkaufen und Ihr Tiefkühlfach bis zum Rand füllen können? Der Bärlauch Ost wächst in unübersehbaren Mengen zwischen sowjetischem Ehrenmal und verfallendem Spreepark, der Bärlauch West in kleineren Kolonien im Schlosspark Charlottenburg und am Norduferes des Griebnitzsees, also an dem, das auch vor dem Fall der Mauer von Spaziergängern und nicht von Streife fahrenden Grenzpolizisten frequentiert wurde.

Bekanntlich ähneln die Bärlauchblätter denen des giftigen Maiglöckchens, sind aber im Wildzustand schmaler. Kosten Sie im Zweifelsfall und Sie werden ihn an dem leichten Knoblauchgeschmack erkennen; oder aber Sie leihen sich für Ihre ersten Sammelgänge ein Bestimmungsbuch mit Abbildungen aus einer der zahlreichen Stadtteilbibliotheken.

Frisch, tiefgefroren oder als Pesto lassen sich vom Bärlauch die köstlichsten Gerichte bereiten.

Wenn Sie auf der Suche nach Feldsalat (die aus Grimms Märchen bekannten »Rapunzeln«), Schnitt- oder Bärlauch es rot unter den Blättern leuchten sehen, dann haben Sie eine kleine Walderdbeere entdeckt. Stecken Sie sie schnell in den Mund, sie wird es Ihnen mit zartester Süße danken.

BÄRLAUCHSUPPE
Eine Hand voll kleingeschnittenen Lauch
in einer Rindsbouillon aufkochen und mit Sahne
verfeinern.

BÄRLAUCHQUARK
Handelsüblichen Speisequark mit Bärlauchhäckseln
und einem Schuss Leinöl (»Spreewälderin«)
vermischen.

BÄRLAUCHRISOTTO
Den Bärlauch zusammen mit dem Reis in Olivenöl
dünsten und wie üblich zubereiten. Besonders für
Magenkranke zu empfehlen.

SPAGHETTINI MIT BÄRLAUCH
Zu den Spaghettini (oder Spaghetti oder Taglia-
telle) den kurz gedünsteten Bärlauch und etwas
Parmesan (»Parmigiano Reggiano«) geben.

FRANZÖSISCHE DÜNSTKARTOFFELN MIT SPECK
UND BÄRLAUCH
Rohe Kartoffelscheiben abwechselnd mit Bärlauch,
fettem Speck, Kümmel, Salz und Pfeffer in eine
Kasserolle geben. Darüber saure Sahne und für eine
halbe Stunde in die Röhre.

FRÜHLINGSSALAT
Den Bärlauch mit oben genannten Kräutern, Salat,
Essig und Öl mischen, bei Bedarf Parmesan oder
ausgelassenen Speck dazu geben. Keinen Sauer-
ampfer (auch als »Sauerlumpe« bekannt) verwenden, da zu hoher Oxalatgehalt.

Sommer

Gehen Sie in dieser Jahreszeit nie ohne Plastiktüte außer Haus. Die Natur, die in Berlin so freundlich ist, auf Bahndämmen und Baubrachen, in Kleingartenkolonien und an Wegrändern bis vor Ihre Haustür zu kommen, schüttet einen derartigen Segen aus, dass Sie immer gewappnet sein sollten.

Für größere Sammelaktionen empfehlen sich Körbe. Bei den Heidelbeeren lassen Sie sich nicht durch Flurnamen wie »Hasenheide« oder »Wuhlheide« verführen, sondern fahren am besten bis zu den Waldungen am Stadtrand, etwa nach Schmöckwitz oder Birkenwerder. Wenn die Heidelbeeren blau sind (deshalb auch »Blaubeeren«), sind sie reif und essbar. Sind sie dunkelrot, sind es keine Heidel- sondern Preiselbeeren, die sich besonders zur Verarbeitung zu Konfitüren eignen.

Hiermit kommen wir zur Frage, ob es sich heutzutage noch lohnt »einzukochen«. Für den Einzelnen sicher nicht. Vielleicht aber bilden Sie mit Gleichgesinnten »Sammel- und Einkoch-Genossenschaften«, deren gemeinsame Aktivitäten Ihnen Vergnügen und Gewinn gleichermaßen bescheren? Sie können es auch »Projekt« und sich »e.V.« nennen und dafür Fördergelder beantragen.

Wie dem auch sei, die Himbeeren unterscheiden sich von den Brombeeren dadurch, dass nicht nur ihre Stacheln, sondern auch sie selbst weicher sind und schon himbeerrot, wenn die anderen noch grün sind. Die Maden, die Sie in ihnen finden, können Sie ignorieren, denn auch sie schmecken nach Himbeeren.

Büsche mit roten Johannisbeeren wachsen zuhauf im Schlosspark Babelsberg, insbesondere unterhalb des Flatowturms, auf dem Weg zwischen Generalseiche und Havelhaus.

Farblich den reifen Brombeeren ähnlich, aber nicht mit ihnen verwandt, sind die Beeren des Schwarzen Holunder, auch Hollerbusch genannt. Irgendeiner wuchert garantiert in Ihrer Nähe. Die Blütendolden können Sie, in Eierkuchenteig getaucht, frittiert und mit Puderzucker bestreut, als Dessert verzehren oder aber zusammen mit viel Zucker und etwas Vitamin C einfach einen Tag im kalten Wasser stehen lassen – dann erhalten Sie köstlichen Sirup. Die Früchte sind Grundlage der Fliedersuppe, die geschmacklich zwar umstritten, aber wie alle Holunderprodukte sehr gesund ist.

QUIZ 1: Welche der genannten Beeren sind im grünen Zustand giftig?

A: *die Heidelbeere*
B: *die Brombeere*
C: *die Holunderbeere*

Wenn Sie die richtige Antwort an www.berlinfuerarme.de schicken, nehmen Sie an der Verlosung einer Flasche Holundersirup teil.

Auch vor dem auf Bäumen wachsenden Stein- und Kernobst sollten Sie nicht zurückschrecken. Seit den seligen Zeiten der Landstreicherei gibt es in Deutschland ein Gesetz, das den Mundraub gestattet, das heißt, dass alles, was über Gartenzäune hängt, der Gemeinschaft gehört. Wie die rechtliche Lage bei den Alleebäumen derzeit ist, konnten wir nicht ermitteln, da sich niemand mehr für sie zuständig fühlt. Die alte Sitte, Kirsch- oder andere Bäume vor der Ernte an den Meistbietenden zu versteigern, ist zumindest für Berlin nicht mehr belegt.

Die Natur deckt uns den Tisch

Von links oben nach rechts unten: Bärlauch Ost,
Brombeeren, Mirabellen im Mauerpark,
Lina mit Kirschen, Friedrichshainer Wiesenchampignon,
Bärlauch West

Dafür besitzt unsere märkische Heimat einen reichen Schatz an Obstplantagen, über deren Lage Sie sich auf der Karte auf den Seiten 132/133 informieren können.

Sie sind in der Regel durch Zäune geschützt und nur inmitten einer Pflückerkolonne durch das Haupttor zu betreten. Vom Spargelstechen angefangen über die Erdbeerernte bis zum Kirschen-, Pflaumen- oder Äpfelpflücken können Sie die gesamte warme Jahreszeit im Freien zubringen und, sich dabei satt essend, Ihr Haushaltsgeld aufbessern (Ansprechpartner in der Adressenliste unter »Jobs«).

Für uns ist das nichts, wir gehen lieber in die Pilze. Um sie nicht mit gewissen Fußkrankheiten zu verwechseln, werden sie in manchen Gegenden auch »Schwammerl« genannt – eine weise Entscheidung, denn was gibt es Erfreulicheres als die Gewächse vom Stamme der Mycophyta. Allein ihr Anblick vermag ein märkisches Stangengehölz in einen Zauberwald zu verwandeln. Und erst der Geschmack ihrer edleren Sorten, selbst gesammelt, geputzt, mit Butter und Olivenöl in einer gusseisernen Pfanne gebraten und mit Petersilie bestreut! Wenn Sie jemals frisch von der Wiese geerntete Champignons auf die genannte Weise zubereitet und hinterher verspeist haben, werden Sie nie wieder nach deren armen, in Kellern gezogenen Verwandten im Supermarktregal greifen. Auch nicht, wenn Sie sie mit einem Grünen Knollenblätterpilz verwechselt haben; aber dessen weiße Lamellen unterscheiden sich so deutlich von den braun bis rosa gefärbten des Champignons, dass, wer sie nicht auseinanderzuhalten vermag, seine Vergiftung verdient hat.

Die Waldchampignons finden Sie im Wald, die Wiesenchampignons auf Wiesen, besonders auf von Pferden und Rindern gut gedüngten. Auf denselben oder an Wegrändern, auf

Schuttgruben oder Waldlichtungen begegnen Sie auch häufig dem stattlichen Schirmpilz oder Parasol. Gehen Sie nicht an ihm vorüber! Sein Hut lässt sich wie ein Schnitzel behandeln; ist er zu groß für die Pfanne, schneiden Sie ihn klein und machen Gulasch daraus. Noch ergiebiger ist der Riesenbovist, der, mitunter handballgroß, sich in den letzten Jahren verstärkt auf den Friedhöfen angesiedelt hat, die als Nahrungsreservoir für die Lebenden allgemein zu stark vernachlässigt werden. Warum immer nur Stiefmütterchen auf die Gräber pflanzen und nicht etwas Essbares? In früheren Zeiten muss das anders gewesen sein, denn woher sonst kommt die Redewendung »sich die Radieschen von unten ansehen«?

Grundsätzliche Regeln für das Pilzsammeln lassen sich allerdings schwer aufstellen. Zu launisch sind diese Geschöpfe: Mal ist es ihnen zu trocken, mal zu feucht, mal zu warm oder kalt, mal sagt ihnen der Mond nicht zu. Man muss ein Näschen für sie haben und damit wittern wie ein Trüffelschwein, wird aber dennoch mitunter im Korb nichts als Parasole mit nach Hause bringen. An Pfifferlingsstellen beispielsweise ist uns im Stadtgebiet nur eine halbwegs ergiebige bekannt, die wir aus verständlichen Gründen für uns behalten und Sie auf die Schorfheide und die polnischen Wälder verweisen.

Herbst und Winter

Schon im Herbst sollten Sie an den Winter denken. Steinpilze und Maronen also in Scheiben schneiden und bei niedriger Hitze in der Röhre trocknen. Den Hallimasch aber, den Sie noch bis zum ersten Frost büschelweise auf Baumstümpfen ernten können, zuerst kochendheiß abbrühen und dann sauer einlegen. Haselnüsse (wachsen als Straßenbäume beispielsweise in der Gneisenau-, der Schwiebusser und der Elmsstraße in Schöneberg) sammeln und für den Gabentisch zurücklegen. In stillen Seitenstraßen Beifuß für die Weihnachtsgans ernten, zum Strauß bündeln und in die Küche hängen. Die für die Füllung der Gans sehr zu empfehlenden Esskastanien finden Sie vor allem im Botanischen Garten; mit einer Bissprobe können Sie prüfen, ob der Klimawandel bereits genügend fortgeschritten ist und die Früchte auch bei uns reifen. Mit dem Erwerb des Weihnachtsbaums warten Sie am besten bis zum Heiligabend und machen es wie wir im folgenden Kapitel.

Auch im härtesten Winter lässt uns die Natur nicht im Stich. Die schmarotzende Mistel beispielsweise kann man von kahlen Bäumen besser als von belaubten schlagen. Nicht nur als Zimmerschmuck ist sie verwendbar; getrocknet, zerkleinert und als Teeaufguss zubereitet, wirkt sie gegen Arterienverkalkung, Bluthochdruck und die damit verbundenen Schwindelzustände. Die Rinde des Faulbaums (auch »Grind- oder Krätzholzbaum«) sollte im Januar geschält werden, wenn man ihre Wirkung als sanftes Abführmittel nutzen will (siehe: »Heile dich selbst!«).

Im Allgemeinen ist der Mensch im Winterhalbjahr allerdings mehr auf tierische Nahrung angewiesen. Dass von seinen Urinstinkten als Jäger und Sammler im Wesentlichen nur noch der des Sammelns befriedigt werden kann, ist ein Zeichen der Verweiblichung unserer Gesellschaft. Man kann dies als zivilisatorischen Fortschritt begrüßen, trotzdem drängt sich in Notzeiten die Frage auf: Warum die zahlreichen Berliner Enten, Schwäne und Tauben immer nur füttern und nicht selbst verspeisen? Auch Krähen, Sperlinge und Hunde dienten oder dienen in gar nicht so fernen Zeiten oder Ländern zur Bereicherung des Speiseplans.

Wie dem auch sei, seinen Drang nach Erlegung essbarer Lebewesen kann der Mensch nur noch durch das Angeln befriedigen. Lassen wir einmal die kleinliche Frage nach dem Angelschein beiseite und begeben uns gleich auf das Eis. In Sachen Klimawandel ist nämlich noch längst nicht das letzte Wort gesprochen, und so lange die märkischen Gewässer wie bisher jeden dritten Winter zufrieren, werden wir uns nicht beschweren. Am besten, wir benutzen Schlittschuhe. Die sollte jeder, nicht nur der arbeitslose Berliner besitzen. Wie im Sommer mit dem Dampfer können Sie in harten Wintern auf Schlittschuhen das gesamte Stadtgebiet auf seinen Wasserwegen durchqueren und darüber hinaus bis nach Mecklenburg oder in das Oderbruch laufen. Besonders zu empfehlen ist ein Ausflug in den Spreewald, dessen sorbische Bewohner noch mit alten Hackenreißern unter den Stiefeln und eisenhakenbewehrten Stangen unterwegs sind. Seit das Kraftwerk Vetschau nicht mehr, wie zu DDR-Zeiten, das Spreewasser aufheizt, nutzen die Sorben das Eis wieder für ihre gewohnten Vergnügungen. Sie können dort Eiskegeln, sich an Buden mit Bratwürsten, Spreewaldgurken und Glühwein beköstigen, Sie können dem Menschenstrom auf der Hauptspree folgen oder kilometerweit die spiegelblanken, einsamen Nebenarme befahren.

Aber wir sind heute nicht zum Vergnügen unterwegs, sondern zum Eisangeln. Suchen Sie einen der auf unserer Karte (S. 132/133) verzeichneten Fischgründe aus und begeben Sie sich dorthin. Am ergiebigsten ist natürlich die Fischjagd in den Karpfenzuchtgewässern der Niederlausitz, doch die Gefahr einer Bußgeldzahlung dort auch am größten. Stellen Sie Ihren Hocker einfach in der Nähe – aber nicht *zu* nahe – eines anderen Eisanglers auf und hacken Sie mit der Axt ein Loch ins Eis. Bestücken Sie den Haken mit Teigkugeln, Maiskörnern oder Würmern aus dem Fachgeschäft und lassen ihn in das eisige Wasser hinab. Eine Eisangel können Sie ebenfalls im Fachhandel erwerben, doch sich ohne Mühe auch selbst fertigen. Machen Sie es so wie die Sowjetsoldaten, als sie noch unter uns weilten, und gehen Sie dazu in den Zoologischen Garten. Am Wildschweingehege locken Sie mit einer Möhre eine der gefräßigen Sauen an, greifen mit der anderen Hand blitzschnell durch den Zaun und reißen ihr einen Büschel Nackenhaare aus. Diese befestigen Sie, mit Zwirn umwickelt, an der Spitze eines kurzen Stockes und verbinden sie mit der Angelsehne, so dass Sie leicht jenes Wippen erzeugen können, dass die Schnur am Festfrieren hindert.

Bis dahin müssen Sie sehr geduldig sein. Nehmen Sie sich ein Beispiel an Ihrem Nachbarn und ab und zu einen Schluck aus der Schnapsflasche. Sie können es auch wie Jack Lemmon (schon in hohem Alter) und seine amerikanischen Freunde machen und über das Eisloch einen Bungalow mit Heizung und Fernseher darin bauen, aber wir befinden uns nun einmal im russifizierten Teil Deutschlands und lieben es demzufolge schlichter. Uns reichen Filzstiefel, ein Kofferradio und, wenn es dunkel wird, eine Petroleumlampe, um die Fische anzulocken. Trotzdem kann es ungemütlich werden. Der letzte Schlepper hat längst die Fahrrinne passiert, das Eis unter Ihnen springt mit seltsamen Pfiffen, Wind kommt auf, die Lichter Ihrer Nachbarn werden weniger und Sie warten immer noch auf jenen magischen Ruck an der Schnur, der das Anbeißen eines Fisches anzeigt – dann heißt es positiv denken! Packen Sie ungerührt Hocker und Angelzeug in Ihren Rucksack und verlassen Sie das Eis mit dem befriedigenden Bewusstsein, in den vergangenen 5 Stunden kein Geld ausgegeben zu haben, bis auf die 1,49 Euro für ein Fläschchen »Fläminger Jagd«.

Bleibt die Frage nach dem sich glücklicherweise an Oder und Havel wieder ansiedelnden Biber. Obwohl von den mittelalterlichen Mönchen zum Fisch erklärt, um guten Gewissens ihren Fastenspeiseplan bereichern zu können, sind wir dafür, ihn in Ruhe zu lassen. Anders sieht es mit den Nutrias aus, die, sich die Wirren des Mauerfalls zunutze machend, in Scharen aus ihren DDR-Gefängnissen ausgebrochen sind und seitdem ganz Mitteleuropa überschwemmen. Ihr Pelz ist viel zu fein und ihr Fleisch zu kaninchenähnlich, als dass man nicht endlich die Jagd auf sie eröffnen sollte. Allerdings wie? Mit Fallen, mit Reusen? (Anregungen dazu unter *www.berlinfuerarme.de*).

Tipp: Sollten Sie bei einer Volksbelustigung im Berliner Umland zum sogenannten »Aalgreifen« aufgefordert werden, bei dem Sie den Aal gewinnen können, den Sie von einem Eimer in einen anderen tragen, verfahren Sie folgendermaßen: Mittelfinger strecken, Zeige- und Ringfinger krümmen und den Aal mit der so entstandenen Zange hinter dem Kopf packen. Auf diese Weise rutscht Ihnen das Tier nicht aus der Hand und Sie ersparen sich das Gelächter der Einheimischen.

Kochen oder
kochen lassen?

Der Genuss warmer Speisen setzt ihre Zubereitung voraus.

Sie können das von fremden Köchen besorgen lassen oder es selbst tun. Am einfachsten ist natürlich eine Pizzabestellung oder das Aufwärmen von Fertiggerichten, doch meist werden Sie weder daran noch an dem folgenden Verzehr ein Vergnügen haben. Ganz anders das eigene Kochen, Braten und Dünsten. Was gibt es Befriedigenderes als die selbst gesammelten oder selbst gekauften Zutaten zu einem Gericht zu verarbeiten, mit dem Sie sich und Ihre Lieben auf möglichst schmackhafte Weise sättigen?

Dazu genügt es, sich von Ihrem Trödler eine Bratpfanne, eine Kasserolle, einen großen und einen kleinen Topf, Schüssel, Teller und Besteck zu besorgen, eine Anschaffung, die Sie nicht viel mehr als 10 Euro kostet. Sehen Sie sich bei dieser Gelegenheit gleich nach einem passablen Kochbuch um. Wir empfehlen das Werk »Wir kochen gut«, zwischen 1949 und 1989 im »Verlag für die Frau«, Leipzig, erschienen und garantiert noch in Antiquariaten oder über das Internet erhältlich. Nicht alles in der DDR war schlecht! Dieses Kochbuch beispielsweise bewahrte Millionen nicht vor dem Hungertod, aber doch vor schwerwiegenden Erkrankungen durch Kantinen- und Suppentütenfraß. Auch uns, denen es auf eine Nahrung aus preiswerten und möglichst einheimischen Produkten ankommt, kann es noch gute Dienste erweisen.

Grundlage der preußischen Kochkunst ist die gute, alte Kartoffel.

Beginnen wir mit der Pellkartoffel, für deren Zubereitung Sie den großen Ihrer beiden Töpfe als Kartoffeltopf reservieren sollten. Sie geben pro Person vier mittelgroße festkochende Kartoffeln hinein, gießen Wasser dazu, lassen einige Kümmelkörner darauf schwimmen und bringen das Ganze zum Kochen. Was für ein liebliches Geräusch, wenn der Topfdeckel klappert! Nehmen Sie ihn beiseite im Falle des Überkochens. Nachdem Sie mit einem Stich in ihr Inneres ermittelt haben, ob die Kartoffeln weich sind, gießen Sie das Wasser ab, lassen die Erdäpfel etwas abkühlen, schälen sie und legen sie auf Ihren Teller. Dazu können Sie folgende Beilagen servieren:

- *Hering à la Wezel*: den Aldi-Matjes mit Sahne, Zwiebelringen, Gurkenhäppchen, Lorbeerblättern und Wacholderbeeren anmachen.
- *Bärlauch*, in Butter und Olivenöl gedünstet.
- *Leberwurst,* dazu kleingehackte Zwiebel.
- *Grieben*: ausgelassene Speckwürfel, die zusammen mit reichlich Salz und Spreewaldgurken gereicht werden.
- *Quark*: Speisequark (40% Fett), mit Magermilch und Leinöl (»Die Spreewälderin«) verrührt, dazu etwas Schnitt- oder Bärlauch geben.
- *Rührei*: mit Speck gebraten, dazu je nach Bedarf mit Pilzen, Schnitt- oder Bärlauch verfeinert.
- *Rührei italienisch*: mit sehr viel Zwiebel, etwas Knoblauch und Pepperoni in reichlich Olivenöl gebraten.

Keines dieser Gerichte wird Sie über 1 Euro kosten und Ihnen außer dem Gefühl der Sättigung das eines selbst bereiteten Genusses hinterlassen. Wenn Sie statt vier acht Kartoffeln gekocht haben, können Sie am nächsten Tag Kartoffelsalat (mit Bärlauch) oder Bratkartoffeln machen. Die Bratkartoffeln empfehlen wir in folgenden Varianten:

- *Bratkartoffeln mit Ei.*
- *Bratkartoffeln ohne Ei.*
- *Bratkartoffeln mit Spreewälder Gurkensülze.* Keineswegs Remoulade dazu geben, sondern Zwiebelringe, Balsamico-Essig und Rapsöl.
- *Bratkartoffeln mit Brathering.* In der »Rügenfisch«-Büchse (Vorsicht beim Öffnen!) liegen 3 Heringe, die Sie auf 2 Mahlzeiten aufteilen können. Überhaupt empfehlen wir, möglichst für den nächsten Tag mitzukochen. Das erzieht zur Mäßigung und spart Arbeit.
- *Bratkartoffeln und Leberkäse.* Mit gebratenen Zwiebelringen oder Spiegelei. Dazu »Bautzener Senf« (scharf).

Bratkartoffeln können auch aus rohen oder Salzkartoffeln zubereitet werden. Letztere gewinnt man, indem man die Kartoffeln vor dem Kochen schält und reichlich Salz zufügt. Die Salzkartoffel ist besonders bei Gerichten mit viel Soße beliebt, weil man sie leicht in der Soße zu Brei quetschen und sich dadurch das Kauen sparen kann. Zerquetscht man sie schon vorher, gibt einen Schuss Magermilch, zerlassenen Speck und reichlich Salz dazu, erhält man Quetsch- oder Stampfkartoffeln oder Kartoffelbrei bzw. -mus.

Gerichte mit Soße (bis zu 1,50 Euro) erfordern schon eine gewisse Kochkunst, weshalb wir die Hilfe von »Wir kochen gut« empfehlen, wo Sie im Sachwortverzeichnis auf S. 239 unter Soßen nachschlagen können.

Sollten Sie gegenüber Kartoffeln allergisch sein, können Sie als Sättigungsbeilage auch Teltower Rübchen verwenden, die schon der Zar, Papst Pius IX. und Goethe lobten. Behagt Ihnen ihr »märkischer Erdgeschmack« nicht, steht Ihnen jederzeit der Rückgriff auf Reis oder Teigwaren (Spaghetti, Spaghettini, Tagliatelle) frei.

In Form von Risotto ist der Reis besonders für Magenkranke und gegen Monatsende zu empfehlen, denn pro Portion kommt er Sie nicht teurer als 0,50 Euro. Sie können mit ihm auf delikate Weise die Reste vom Vortag verwerten. Behalten Sie also von den Bohnen, Pilzen oder sauren Nierchen des Vortags immer etwas zurück und bereiten an den nächsten beiden Tagen daraus Bohnen-, Pilz- oder Nierchenrisotto. Ist Ihr Kühlschrank leer, machen Sie einfach einen Spaziergang in eine Gartensiedlung, pflücken dort von einem der Ziersträucher ein paar Rosmarinzweige oder Salbeiblätter und mischen sie die Kräuter unter Ihren Reis.

Die genannten Kräuter können auch Ihre Spaghetti oder Spaghettini retten, wenn Sie nichts anderes im Haus als Olivenöl und »Parmigiano Reggiano« haben. Wie jede große Kunst wurde auch die des Kochens aus der Not geboren. Warum sonst hätten Franzosen Frösche und Schnecken, die Chinesen Schlangen, Vogelnester und Maden auf ihren Speiseplan gesetzt? Lassen Sie sich nicht abschrecken und kochen Sie ruhig nach, was man Ihnen auf Ihren Reisen vorgesetzt hat.

Dem Italiener um die Ecke können Sie auf jeden Fall das Wasser reichen. Ist er billig, so sind schon allein Ihre Tagliatelle die besseren; ist er teuer, so werden Sie bei Ihren eigenen

Portionen wenigstens satt. Und was auch nicht zu verachten ist: zu Hause können Sie den Teller ablecken und sich danach einen Zigarillo anstecken.

Beides ist im Restaurant unmöglich, wie überhaupt die Freuden des Gaststättenbesuches überschätzt werden. Sie müssen anderen Menschen bei der Nahrungsaufnahme zusehen und ihren Tischgesprächen oder, noch schlimmer, ihrem Handygeschwätz zuhören. In diesem Zusammenhang wollen wir nicht verhehlen, dass wir grundsätzlich gegen die Benutzung von Mobiltelefonen sind, die wir für elektronische Fußfesseln und als solche für unvereinbar mit unserer Vision von einem freien Leben erachten.(Müssen Sie aus Prestigegründen unbedingt einmal einen Anruf simulieren, halten Sie eine Zigarettenschachtel oder einfach Ihre Hand über die Ohrmuschel und führen Sie ein Selbstgespräch.)

Im gleichen Maße wie die Kommunikationsfähigkeit zugenommen hat, hat auch die Indiskretion zugenommen. Es wird nicht nur lauthals auf offener Straße oder in der U-Bahn telefoniert, auch stinkende Döner und Fritten werden dort verzehrt, Wasser-, Bier- oder Saftflaschen geleert. Kein Restaurant mehr, das in der warmen Jahreszeit seine Tische nicht auf die Straße stellt und seine Gäste dort ihren gierigen Exhibitionismus ausleben lässt.

Die ordinärste Form der Nahrungsaufnahme ist dabei zweifellos der Brunch. *All you can eat* – so lautet das Losungswort moderner Stallfütterung. Nicht nur, dass dabei sämtliche Anstandsregeln außer Kraft gesetzt werden, auch die Kochkunst geht vor die Hunde. Besteht sie nicht in der Beschränkung auf wenige Zutaten, die so aufeinander abgestimmt werden, dass sie eine unverwechselbare Geschmackskomposition ergeben? Was bleibt davon übrig, wenn Sie sich einen Berg aus asiatischen, italienischen, türkischen und sonstigen Speisen auf Ihren Teller häufen? – Genug davon. Halten Sie es dennoch für angebracht, hin und wieder ein Speiserestaurant aufzusuchen, so finden Sie unter »Adressen« eine kleine, sehr persönliche Auswahl preisgünstiger Lokalitäten.

Keinesfalls raten wir dazu, Gaststätten an einem Feiertag wie Weihnachten aufzusuchen. Es ist das Fest der Familie und in unserem Fall auch das guter Freunde. Zu diesem Zweck begeben wir uns am Heiligabend auf den Wedding (man unterscheidet auf, im und in dem Wedding, doch die Gründe dafür zu nennen, würde zu weit führen), und zwar am späten Nachmittag, um uns durch die Messe in der Kapernaum-Kirche in die richtige Stimmung zu bringen.

Seelisch gestärkt betreten wir nun das Atelier unseres Freundes Nikolai. Er schläft noch, die Katze auf der Brust hebt und senkt sich wie ein Schiff bei bewegter See. Wir lassen sie ruhen und erfreuen uns an der festlichen Atmosphäre. Überall im Atelier ist Puderzucker verstäubt, liegen kleine Wattebäuschlein herum. Wir räumen einige leere Flaschen und Teller von der Vorfeier beiseite, dann taucht aus den hinteren Gemächern Anne auf und weckt ihren Vater. Er ist sofort auf der Höhe der Situation. »Geh doch mal zu Karstadt, meine Liebe, und sieh zu, ob dort ein herrenloser Weihnachtsbaum vor der Tür steht.«

Wir heizen inzwischen die Backröhre vor. Die polnische Hafermastgans, die gleich darin verschwinden wird, haben wir direkt von ihrem Erzeuger bezogen (über den deutsch-polnischen Grenzhandel siehe das nächste Kapitel unter »Tagesausflug«) – sie hat 15 Euro gekostet. Die Gans ist bereits mit Äpfeln, Beifuß und Backpflaumen gefüllt. Für die Vorsuppe haben wir unseren tiefgefrorenen Bärlauch mitgebracht, der bereits aufgetaut ist.

Freund Schuldenreich trifft zugleich mit Anne ein. Die beiden haben sich in der Müllerstraße getroffen und schleppen eine stattliche Nordmann-Tanne heran, die sie, um sich nicht mit dem Ständer herumärgern zu müssen, in die Zimmerecke lehnen und ihre Vorderseite mit dem vom Vorjahr übriggebliebenen Christbaumschmuck behängen. Nikolais Freundin Wiebke ist inzwischen ebenfalls aufgewacht und hilft ihnen dabei. Sie hat das Weihnachtsoratorium aufgelegt. Wir schälen Kartoffeln, während uns Nikolai seinen vorzüglichen Meerrettichschnaps kredenzt.

Tipp zur Herstellung von Meerrettichschnaps: Hefe, Zucker und Wasser in einem großen Topf verrühren. Einen kleinen Topf hineinstellen und mit einem großen Deckel abdecken. Das Ganze zum Kochen bringen. Das Destillat, das vom großen Deckel in den kleinen Topf tropfen wird, in eine Flasche mit einer geschabten Meerrettichwurzel füllen.

Gemütlich klappert der Deckel auf dem Kartoffeltopf, Nikolai öffnet ein Glas Grünkohl (»Spreewaldhof«, 0,79 Euro). Obwohl er am Herd ein Zauberer ist und es vollkommen reicht, wenn er »Pui! Pui! Pui!« macht, damit seine Gerichte schmecken, überreden wir ihn, den Kohl etwas zu verfeinern. Wir dünsten dazu im abgeschöpften Gänsefett kleingeschnittene Zwiebeln und lassen den Grünkohl mit etwas Milch und Zucker aufkochen.

Es ergibt sich folgendes Menü:

1. Bärlauchsuppe mit gerösteten Schwarzbrotwürfeln
2. Gänsebraten mit Salzkartoffeln und Grünkohl
3. Kalter Hund (von Wiebke zubereitet)
4. Haselnüsse aus der Schwiebusser Straße und preisgemin-
   derte Südfrüchte vom Türken am Nettelbeckplatz
Dazu wird Dornfelder von Aldi gereicht.

Wenn wir mit unserem Mahl fertig sind, läuten die Glocken
zu Mitternacht. Im Interesse einer guten Verdauung und unseres Wohlbefindens im Allgemeinen begeben wir uns jetzt in
das Lokal »Zum Magendoktor«. Wie jedes Jahr hat sich darin
eine Heilige Großfamilie versammelt, um diese Nacht gemeinsam zu feiern. Ein schlafender Mann mit Hund, ein deutsch-
türkisches Frauenpaar, zwei Brüder aus Lichtenrade, die den
weiten Weg nicht scheuten, weil sie gehört haben, dass man
sich im »Magendoktor« gut prügeln könnte (und von Gertru-
de, der Wirtin, inzwischen befriedet wurden), Gertrudes Ex-
Mann und ein einsamer polnischer Bauarbeiter, der darauf
brennt, dass man ihm sein schwerverdientes Geld am Billard-
tisch abnimmt.

Wir lassen es ihm, weil es sich um das Fest der Nächsten-
liebe handelt.

In den Tempeln
der Kultur

Wahre Menschenfreunde müssen es gewesen sein, die den ALG-II-Empfängern mit der Muße zum Kulturgenuss auch die Möglichkeiten dazu verschafften, indem sie freien Eintritt in die wichtigsten Museen und stark verbilligten in Theater und Opernhäuser gewährten. Doch nicht nur sie, auch Geringverdiener können kostenlos ihr Bildungsniveau heben, beispielsweise an Donnerstagen, an denen die Museen vier Stunden vor Schluss keinen Eintritt mehr verlangen. Wer zu den Schülern, Studenten, Auszubildenden, Invaliden oder sonstigen Ermäßigungsberechtigten gehört, sollte stets den betreffenden Ausweis dabei haben. Die wertvollsten Dienste leistet in dieser Hinsicht ein Journalistenausweis, in dessen Besitz zu kommen etwas umständlich, doch nicht unmöglich ist.

Tipp: Besuchen Sie, wenn Sie wieder einmal nach Bangkok kommen, die Kao San Road. Geben Sie Ihr Passbild in einem der dortigen Läden ab und bestellen den Ausweis Ihrer Wahl. Vom Führerschein über den Internationalen Studentenausweis bis zum Journalistenausweis erhalten Sie für 250 Baht oder 4 Euro jedes gewünschte Dokument (Ausnahme: Pässe und Personalausweise).

Die Museen

Der Aufenthalt in ihnen ist nicht nur im Winter zwecks Ersparnis der Heizkosten zu empfehlen. Grundsätzlich kann man sich in ihren Räumen ein Gefühl der Bedeutung und Würde verschaffen, das Ihnen kein Arbeitsalltag bieten kann. Während beispielsweise die Bundestagsabgeordneten in ihren Kaninchenställen im Paul-Löbe-Haus darben, können wir über den Marktplatz von Milet schlendern oder den griechischen Göttern am Pergamonaltar dafür danken, dass sie uns vom Sklavenjoch befreiten. Statt Renate Künast können wir Nofretete ins Antlitz blicken und Harry Graf Kessler statt Ronald Pofalla. Die prächtigsten und elegantesten Bauwerke Berlins stehen uns offen, in den herrlichsten Sälen können wir uns ergehen. Am besten, Sie nehmen sich immer nur eine Etage oder einen großen Saal pro Tag vor – Sie haben die Zeit dazu, denn Berlin ist Ihre Heimat, und Sie müssen sie nicht schon am Abend verlassen wie die bedauernswerten Tagestouristen. Sehen Sie sich also um, in welchem Saal sich keine Gruppen aufhalten, die Ihnen den Weg versperren und gehen Sie dort hinein. Halten Sie sich auch von Menschen fern, die sich durch Kopfhörer die Ausstellungsstücke erklären lassen. Am besten, Sie besetzen gleich die Bank in der Mitte des betreffenden Saales. Das hat mehrere Vorteile. Zum einen vermeiden Sie, dass die bei Museumsbesuchen üblichen Knieschmerzen auftreten, zum anderen können Sie von der Mitte aus Ihren Blick kreisen lassen und auf das gerade unverstellte Kunstwerk richten.

Nehmen wir an, Sie befinden sich im oberen, Caspar David Friedrich gewidmeten Saal der Alten Nationalgalerie. Sie sind beim Blick auf den Watzmann erschauert, haben sich die Klosterruine von Eldena und den Hafen von Greifswald zur

Zeit, als in ihm noch Segelschiffe ankerten, besehen und nähern sich jetzt, da der Raum fast leer ist, dem Mönch am Meer so, wie es Arthur Schopenhauer empfiehlt.

»Vor ein Bild hat jeder sich hinzustellen, wie vor einen Fürsten, abwartend, ob und was es zu ihm sprechen werde; und wie jenen, auch dieses nicht selbst anzureden: denn da würde er nur sich selbst vernehmen.« (Schopenhauer)

Was hat Ihnen der Mönch zu sagen? – »Nehmen Sie Ihr Schicksal nicht zu schwer. Auch früher war der Winter lang und der Himmel eine zubetonierte Decke, von der es tropfte. Auch ohne Regenschirm habe ich es ertragen und meine Stirn furchtlos in den Sturm gereckt und den Blick nicht von der Stelle gewendet, wo der Horizont einmal war, und weiter gehofft. Und vor allen Dingen habe ich nach innen geblickt, wo sich das Licht früherer Sommer gesammelt hat und mich daran gewärmt.«

Sollte Ihnen dieses Licht nicht genügen, gehen Sie eine Etage tiefer und setzen sich zu Renoirs Familie in deren sonnendurchflutetes Zimmer, spielen mit den Kindern und lassen sich ein Tässchen Mokka servieren.

Das Theater

Haben Sie keine Hemmungen. Auch wenn Sie keinen Anspruch auf ein Sozialticket für 3 Euro haben, kann ein Theaterbesuch erschwinglich sein. Die öffentlichen Generalproben finden in der Regel zu herabgesetzten Preisen statt, über Stadtblätter und Rundfunksender kommt man an Freikarten heran. Hatten Sie dabei kein Glück oder ist es Ihnen nicht die Mühe wert, so verlangen Sie einfach die billigste Karte und begeben sich damit ins Parkett, wo in den vorderen Reihen meist einige Sitze frei bleiben und Sie sich auf einen Außenplatz setzen sollten. Das ist unbedingt nötig, damit Sie ohne viel Aufhebens Ihren Sitz räumen können, wenn man Sie von der Bühne aus mit Kartoffelsalat bewirft oder es aus dramaturgischen Gründen im Saal zu regnen beginnt. Meiden Sie die ersten Reihen der Ränge, da Sie dort wegen der Balkonbrüstung mit angewinkelten Knien sitzen müssen. In der »Komischen Oper« ist im Zweifelsfall die Reihe 21 wegen einer säulenbedingten Lücke zur 20. und der damit verbundenen Beinfreiheit zu wählen. Die Bühnen des Sprechtheaters (unter Ausschluss der Off-Bühnen, die kaum Ermäßigungen anbieten können) kommen wir bei der Fülle des Angebots nicht umhin, einzeln zu begutachten.

Schaubühne
Das letzte Theater Westberlins. Der Saal mehr breit als tief (weniger Seitenplätze), Bestuhlung aus den sechziger Jahren und entsprechend spartanisch, damit kein spießbürgerliches Wohlbehagen die geistige Verdauungsarbeit behindert. Absolut humorfrei. Die Wahrscheinlichkeitsrate, dass Sie Ihren Außenplatz zum vorzeitigen Verlassen des Saals benötigen, beträgt zwischen 75 und 95 %.

Volksbühne
Der revolutionären Umgebung ihres Standortes gemäß versteht sich die Volksbühne als Barrikadentheater. Absolut erotikfrei, selbst wenn die Darsteller im Adamskostüm auftreten. Gern wird die starre Rollenverteilung zwischen Schauspieler und

Publikum aufgelöst, und es kann passieren, dass man Sie auf die Bühne bittet. Zeigen Sie Einsatz dabei, vielleicht kommen Sie auf diese Weise zu einem Job, denn insbesondere der Regisseur Schlingensief arbeitet gern mit Arbeitslosen, Behinderten und Insassen verschiedener Anstalten. Das reine Zuschauen ist allerdings eine Aufgabe, die selbst den Engagiertesten überfordern kann. Keine Pausen, und das bei einer Stücklänge von 3 bis 5 Stunden.

Maxim-Gorki-Theater

Kostenlose Garderobe. Schöner Kronleuchter. Ansonsten ist über das Theater nicht viel zu sagen. Alles, was es auf anderen Bühnen zu sehen und zu hören gibt, gibt es hier auch, mitunter in einem Stück. Video *und* Blut *und* richtigen Regen *und* elektrische Musikschocks, die Sie am Einschlafen hindern. Viele Schulklassen und Senioren.

Berliner Ensemble und Deutsches Theater

Sie dürfen in einem Atemzug genannt werden, weil Besuche in beiden Häusern dem Öffnen von Wundertüten gleichen. Sie können Pech haben und bekommen den »Faust« in anderthalb Stunden heruntergeleiert. Sie können aber auch eine der Sternstunden der Bühnenkunst erleben, für die es sich immer wieder lohnt, Ihre Brandware aus dem Kleiderschrank zu holen und einen Theaterbesuch zu wagen. Das ist der Fall, wenn die Regisseure die Schauspieler einfach spielen lassen, ohne sich in deren Arbeit einzumischen. Achten Sie besonders auf die Namen Dagmar Manzel, Christine Schorn, Dieter Mann und Ulrich Matthes.

Wenn Sie einen dieser Mimen – oder wie im »Kirschgarten« gar alle vier – im Vollbesitz seiner Kräfte auf der Bühne erleben, begreifen Sie, warum das Kino niemals das Theater ersetzen kann: Menschen spielen in Ihrer Gegenwart Menschsein; Sprache dringt in Ihr Ohr als gehauchter oder geschmetterter Laut voll ungeahnter Bedeutung; jede Bewegung, jedes Mienenspiel, ja noch die Verbeugungen nach dem Vorhangfall rühren Sie an als Mahnung an alles, was Sie jemals gefühlt haben oder noch zu erfahren wünschen.

Nicht weniger erhebend kann ein Besuch im Opernhaus sein. Auch wenn Sie es der höheren Eintrittspreise wegen erst nach der Pause betreten, auch wenn Sie kein Musikkenner sind und Ihnen bereits nach zehn Minuten die Augenlider schwer werden! Wie herrlich ist es, sich von Mozart, Händel oder Wagner in den Schlaf wiegen zu lassen, mittendrin aufzuwachen und zu merken: Aha, sie singen und spielen immer noch, die Welt und mit ihr die Staatsoper ist noch nicht eingestürzt, und ich darf auf einem ihrer wunderbaren Balkone sitzen (nicht in der ersten Reihe!), der Kronleuchter unter mir, die Menschen um mich und unter mir, dreigeteilt in schweigende, singende und musizierende.

Wie beschwingt werden Sie danach den Heimweg antreten und auf dem Gendarmenmarkt denken: Berlin ist nicht nur die Hauptstadt der Armen, auch die der Musen.

Kinos

Um im Sommer kostenlos Kinofilme sehen zu können, sollten Sie Ihren Angelhocker und eine kleine Leiter am Fahrrad installieren. Letztere, damit Sie die Zäune der Freiluftkinos übersteigen können, ersteren, um sich darauf zu setzen, wenn alle Plätze besetzt sind oder Sie das Balkonkino Hellersdorf am

U-Bahnhof Kaulsdorf-Nord besuchen wollen oder freitags òder samstags sich unter die Zuschauer beim »Umsonst und Draußen« des Filmrauschpalasts in Moabit zu mischen beabsichtigen.

Für den Winter verweisen wir auf die bekannten Kinotage mit verbilligten Eintrittspreisen. Ob Sie in den kleineren Kinos ausnutzen wollen, dass Kartenverkäufer, -abreißer und Filmvorführer häufig ein und dieselbe Person sind, müssen Sie mit Ihrem Gewissen ausmachen. Warum in Ihrem Freundeskreis nicht lieber Filmpartys statt Schuhpartys veranstalten, bei denen reihum die Gastgeber ihre Lieblingsfilme vorführen? Oder warum nicht die Karte, die Ihnen nach fünf absolvierten Besuchen von Yorck-Kinos einen freien garantiert, selbst abstempeln – ein Verfahren, das sich auch in gewissen Cafés lohnt.

Tipp zur Herstellung von Stempeln: Stecken Sie ein hartgekochtes, geschältes Ei und ein Stück Schnittkäse (Gouda jung, 0,49 € / 100 g) in die Tasche. Rollen Sie das Ei unauffällig über die frischgestempelte Karte und anschließend über den Käse. Schneiden Sie zu Hause die auf dem Käse abgebildete Stempelform nach, drücken Sie sie auf ein Stempelkissen und dann auf die Karte.

Konzerte

Da das Konzertwesen weder Sozialtickets noch irgendeine andere Form der Ermäßigung bei den Preisen kennt, erklären Sie es einfach für ein Unwesen. Es gibt ohnehin viel zu viel Musik.

Überall plärrt es aus Lautsprechern, Boxen und Kopfhörern. Da wollen Sie sich noch der Tortur aussetzen und sich bei einem Rockkonzert die Beine in den Bauch stehen? Anderthalb Stunden warten auf den Beginn, eine Stunde die Vorgruppe aushalten und eine weitere den schlecht gelaunten Star, der den Eindruck einer Kopie seiner selbst erweckt? Bei der klassischen Musik ist der Star, d. h. der Komponist, nicht einmal anwesend, weil in den meisten Fällen schon tot.

Wollen Sie trotzdem mal wieder bei der Erzeugung von Klängen anwesend sein, so wird es Ihnen niemand verwehren, bei den Open-Air-Konzerten von draußen zuzuhören oder Bockleiter und Hocker wieder einzusetzen. Auf sie verzichten können Sie bei den zahlreichen Straßenfesten, beim Karneval der Kulturen im Mai und der Fete de la Musiquê zu Sommerbeginn.

Wenn auch weniger als in anderen Metropolen, so gibt es doch auch in Berlin Lokale und Bars mit Life-Musik. Im bekannten »Yorck-Schlößchen« werden inzwischen mittwochs, samstags und sonntags 3 Euro Eintritt statt wie vorher ein Aufschlag pro Getränk verlangt; im »Vollmond«, Oranienburger Str. 160, kann man dienstags ab 21 Uhr kostenlos Blues satt hören und anschließend den hinzuströmenden Straßenmusikern bei ihrer Jam-Session lauschen. Jazzartiges bei freiem Eintritt wird auch jährlich am Tag der Einheit (3. Oktober) in den verschiedenen Landesvertretungen geboten, die ihren Sitz in den »Ministergärten« haben.

Für die Liebhaber fremder Folklore sei auf die Veranstaltungen im Botschaftsviertel (siehe unten und in der Adressenliste) hingewiesen. Die Inder beispielsweise bieten regelmäßig mit Tänzen garnierte Tabla- und Sitarklänge, bei denen man gleichermaßen gut schlafen kann.

Bevorzugen Sie klassische Musik, so hören Sie sie am besten in einer Kirche. In der Dorfkirche Britz und der schon erwähnten Kapernaum-Kirche in der Seestraße etwa werden sonnabends regelmäßig Konzerte veranstaltet, bei denen Sie hinterher nur ein 5-Cent-Stück in ein Körbchen zu werfen brauchen. Oder Sie sparen sich die Fahrt nach Britz und hören im U-Bahn-Schacht Friedrichstraße dem hervorragenden Virtuosen zu, der auf seinem Akkordeon Toccaten und Fugen von Bach spielt. Geben Sie dem bitte etwas mehr, das hilft seinem und Ihrem Selbstbewusstsein. Oder Sie begeben sich in die Räume der »Hochschule für Musik Hanns Eisler« – am Gendarmenmarkt oder im Neuen Marstall gegenüber der Republikspalastruine –, wo die Studenten regelmäßig Proben ihres zum Teil beachtlichen Könnens abgeben. Ähnliche Gratiskonzerte werden auch von Musikschulen (darunter dem bemerkenswerten Lietzeorchester der Universität der Künste), von Polizei- und Laienorchestern gegeben, über die Sie sich in den verschiedenen Veranstaltungsanzeigern informieren können. Dort finden Sie auch die Adressen der wichtigsten Clubs, von denen wir die preisgünstigsten in unsere Adressenliste aufgenommen haben.

Nichts kommt jedoch dem Genuss gleich, zu Hause, in einer ruhigen Stunde, wenn die GEZ bereits ihre Runde gedreht hat, eine neu erworbene »Wohlthat«-CD aufzulegen. Wir empfehlen besonders die Reihen »Quadromania« und »The Ultimative Jazz-Archive«, jeweils Vierersets zu 1,99 Euro. Machen Sie das Licht aus, um Strom zu sparen, und legen Sie sich allein oder zu zweit auf die Wogen etwa von Big Bill Broonzys »Mississippi River Blues« – Sie werden schwimmen in Glück.

Buchhandlungen und Lesungen

Den Schmähungen der Kulturkaufhäuser können wir uns nur bedingt anschließen. Zwar sind die Bücher darin nicht weniger teuer als woanders, dafür kann man sich aber bei »Dussmann« oder »Hugendubel« in eine der Sitzgarnituren flegeln und so lange in den Neuerscheinungen der Saison schmökern, bis man davon überzeugt ist, dass es keine verdient, in eine gut sortierte Bibliothek aufgenommen zu werden.

Sollten Sie wider Erwarten etwas Interessantes entdecken, schlagen wir folgendes Verfahren vor. Notieren Sie sich die Adresse der Presseabteilung des jeweiligen Verlages (ausgenommen »Eichborn Berlin«) und stellen Sie sich ihr als Rezensent vor, der beispielsweise für die »Märkische Allgemeine Zeitung« oder die »Berliner Morgenpost« Bücher bespricht. Man wird Ihnen Prospekte und ein Formular zuschicken, in das Sie Ihre Wunschtitel eintragen können, die Ihnen später der Postbote ins Haus tragen wird.

Ungleich mehr Vergnügen macht das Stöbern in Antiquariaten. Sie sind das wahre Gedächtnis der Nation, indem sie nämlich all das Verdrängte und Vergessene aufbewahren, das durch die zu weiten Maschen des Zeitgeistes gefallen ist. Je größer das Antiquariat und mit je mehr Hinter- und Nebenräumen und Kellern versehen, umso besser. Sehr zu empfehlen ist beispielsweise der Laden in der Bergmannstraße, kurz vor der Marheinekehalle, auch wenn seine Betreiber die Freundlichkeit nicht erfunden haben. Konzilianter geht es in den Filialen des »Berliner Büchertisches« zu; am Mehringdamm etwa können Sie und Ihr Bücherstapel es sich auf dem bepflanzten Hof bequem machen, um sich der Lektüre hinzugeben. Tee wird dazu kostenlos in der »Tee-Lese« in der Großbeerenstraße serviert. In der Bergmannstraße sollten Sie die Pappkartons der Trödler nicht zu inspizieren vergessen, aus denen Sie Schätze zu Spottpreisen erwerben können. (CDs und Vinylplatten nicht übersehen!)

Überhaupt haben die Besitzer von Buchantiquariaten glücklicherweise die im Mittelalter für sämtliche Berufe übliche Praxis beibehalten, sich in bestimmten Straßen dicht nebeneinander anzusiedeln. Ein Gang durch die Läden etwa zwischen Nollendorf- und Winterfeldtplatz lohnt immer. In der Frankfurter Allee wiederum finden Sie, der Mentalität ihrer Bewohner gemäß, einige Geschäfte, in denen jedes Buch 1 Euro kostet. Einsamer liegt die Krimi-Buchhandlung in der Schöneberger Dominicusstraße, schräg gegenüber vom S-Bahnhof. Sie sollten sie trotzdem aufsuchen: Alle Bücher streng sortiert, die alten Comics und Filmprogramme in Folien verwahrt; der ältere Herr, der dafür sorgt, der Figur aus einem Simenon-Roman ähnelnd.

QUIZ 2: Von welchem zum Tode Verurteilten stammt der Satz: »Das Einzige, was mir noch Leid tun kann, ist, dass ich nicht mehr lesen kann, wenn ich geköpft bin ...«

A: *Thomas Morus*
B: *Peter Kürten, genannt »Der Vampir von Düsseldorf«*
C: *Schinder-Hannes*

Senden Sie die Antwort an »www.berlinfuerarme.de«
und nehmen Sie an der Verlosung eines antiquarischen
Exemplares von »Das große Verbrecher-Lexikon« teil.

Wer Freude an Lesungen in anspruchsvollem Ambiente hat, muss sich dazu nicht unbedingt ins Literaturhaus oder Literarische Colloquium bemühen. Origineller geht es im Gutshaus Neu-Kladow zu, durch dessen Räume einst Mutter Bismarck mit Sohn, Max Liebermann und Lovis Corinth wandelten, und wo heute an den grob abgewaschenen Wänden Bilder der Maler ausgestellt werden, die dieses Kleinod entdeckten und der Öffentlichkeit zugänglich machten. An jedem ersten Sonntag im Monat finden die Vernissagen, Lesungen und Konzerte statt – sowohl im Winter (an rauchenden Kaminen) als auch im Sommer, wenn Sie durch den Park am Wannsee-ufer spazieren können, ein fast kostenloses Vergnügen (Unkostenbeitrag: 3 €) der besonderen Art.

Lesungen, für die Sie keinen Eintritt bezahlen müssen, können Sie im Ibero-Amerikanischen Institut und den Heimatmuseen der Berliner Stadtbezirke erleben. Wollen Sie Ihr Jahresbedürfnis nach Lesungen in einer einzigen Veranstaltung befriedigen, so empfiehlt sich ein Besuch der »Langen Nacht des Buches« in Kreuzberg oder Schöneberg.

Galerien, Botschaften und politische Stiftungen

Manchmal will man einfach unter Menschen sein. Wenn es dazu noch umsonst zu essen und trinken gibt, um so besser. Über die aktuellen Vernissagen informieren Sie sich am besten in den in den meisten Cafés frei ausliegenden Stadtzeitschriften. Schnell werden Sie herausbekommen, in welchen Galerien sich Besuche lohnen und in welchen es nur Salzgebäck und Säfte gibt. Häufig müssen Sie bei der Winzigkeit der dargebotenen Häppchen zwei oder drei Vernissagen hintereinander absolvieren, wozu sich besonders die »Tage der offenen

Galerien« in Mitte eignen. Versäumen Sie es auch nicht, sich im »Straßenfeger«, der »Stütze« oder der »Motz« zu informieren, in denen regelmäßig Orte und Termine der attraktivsten Büffets veröffentlicht werden. Dann aber eine Viertelstunde vor Beginn erscheinen, denn gewöhnlich sind (wie beim legendären BVG-Fest) später die Tische schon völlig kahlgefressen.

Wollen Sie diese Konkurrenz vermeiden, versuchen Sie sich lieber Zutritt zu den Empfängen der Botschaften zu verschaffen, die sich glücklicherweise wieder in unserer Stadt angesiedelt haben. Dies ist besonders leicht an den Nationalfeiertagen der einzelnen Länder möglich, an denen sie sich von ihrer gastfreundlichsten Seite zeigen. Bei rund 100 in Berlin akkreditierten Botschaftern dürfte kaum eine Woche vergehen, in der Sie nicht im Zeichen der Völkerfreundschaft dinieren und interessante Gespräche führen können. Sehr zu empfehlen sind die Büffets der Mexikaner, wie grundsätzlich die von weit entfernten, möglichst exotischen Staaten, die über eine schmackhafte Küche verfügen. Unübertroffen ist die Kaffeezeremonie der Äthiopier (am 28. Mai) in Lichterfelde, wo Frauen die besten Bohnen der Welt auf einem weihrauchbestreuten Holzkohlenfeuer rösten, die, gemahlen und aufgekocht, Sie in einen Ihnen bisher unbekannten Rauschzustand versetzen werden. Bei den Amerikanern und Briten dagegen brauchen Sie es in Anbetracht der servierten Hamburger und strengster Sicherheitskontrollen gar nicht erst zu versuchen. Auf jeden Fall sind angemessene Kleidung und Visitenkarten Pflicht. Letztere lassen sich leicht am Automaten bei »Karstadt« herstellen; um wieder eingeladen zu werden, macht sich als Berufsbezeichnung »Ethnologe« sehr gut (nicht »Politologe«).

Doch warum immer in die Ferne schweifen, wenn das Gute in Gestalt der deutschen Ländervertretungen so nahe liegt? Sie befinden sich in den Ministergärten oder an versteckteren, herausgehobeneren Orten, so etwa die Landesvertretung Bayern. Sie überbieten sich geradezu an Gastlichkeit, allen voran das kleine Saarland, das mit ausgezeichneten Weinen brilliert. Mögen Sie lieber Elbweine, gehen Sie zu den Sachsen, ist Ihnen nach Bier und Bratwürsten, besuchen Sie eine der Veranstaltungen der Thüringer in der Mohrenstraße. Unter den in der Adressenliste angegebenen Telefonnummern können Sie nach der nächsten Veranstaltung fragen und sie besuchen. Überall liegen Gästebücher aus. Wenn Sie ein paar warme Worte für den Gastgeber finden und darunter Ihren richtigen, nicht den falschen Namen mit Adresse setzen, werden Sie garantiert in den Verteiler für zukünftige Einladungen aufgenommen.

Auch die Stiftungen der politischen Parteien sind auf Besucher angewiesen. Zwar müssen Sie für die dargebotenen Getränke und Brezeln einen kleinen Obolus entrichten, dafür werden Sie kostenlos gebildet. Im amphitheatralischen Saal der Konrad-Adenauer-Stiftung können Sie obendrein das Gefühl entwickeln, Sie säßen über die Vortragenden zu Gericht. Hinsichtlich der Förderung der Künste ist die SPD wiederum vorbildlich. Im Willy-Brandt-Haus, das mit seiner roten Fahne wie ein Flaggschiff die Häuser der Stresemannstraße anführt, müssen Sie keine Einladung, nur Ihren Personalausweis vorweisen und dürfen sich dafür eine Plastikkarte ans Revers heften. Zu Füßen des bronzenen Willy können Sie dann Platz nehmen und kostenlos einen Film sehen, einer Lesung oder dem Einführungsvortrag einer Ausstellung lauschen und, wenn Sie Glück haben, sich in der Spätausgabe der »Berliner Abendschau« bewundern.

Von Kladow nach
Padang Bai

Auch wir brauchen mitunter Erholung. Auch wir brauchen, wenn unsere vier Wände uns auf den Kopf zu fallen drohen, den Tapetenwechsel. Je nach Dauer und Art der Entfernung von unserem Heim unterscheiden wir zwischen Spaziergang, Tagesausflug und Fernreise.

Der Spaziergang

kann auch eine Spazierfahrt sein, wenn wir, besonders an den verkehrsarmen Sonntagen, dazu das Fahrrad benutzen. Wie dem auch sei, Sie müssen sich bei Verlassen des Hauses nach links oder rechts wenden oder sofort die Straße überqueren. Das Einmalige an Berlin ist, dass Sie nach wenigen Schritten auf einen Baum stoßen werden, einen zweiten, eine Grünanlage, einen Park. Dort können Sie sich, wenn Sie eine unzerstörte, nicht besetzte Bank finden, darauf setzen und darüber nachdenken, auf welch sublime Weise sich die Geschichte Berlins doch in seinen Parks spiegelt.

Die ältesten Parks befinden sich naturgemäß im Westteil der Stadt, wo der preußische Adel nicht nur von neuen Feldzügen, sondern auch vom alten Arkadien träumte. So in Teilen des Tiergartens, so im Schlosspark Charlottenburg, so auf der

Pfaueninsel und in den pavillongeschmückten Anlagen vor der Glienicker Brücke, auf die Sie vom Schloss Babelsberg einen unvergleichlichen Blick bis hinüber zum Belvedere in Potsdam haben.

> *»Das Wetter ist schön: Geh spazieren.*
> *Es ist kalt: Bleib zu Hause.« (Teles)*

Doch kehren wir ins Stadtinnere zurück. Kennen Sie den Körnerpark in Neukölln? Er wurde in einer Kiesgrube nördlich der Karl-Marx-Straße angelegt, als diese noch anders hieß. Es war in der gleichen Gründerzeit, in der in den Schöneberger Sümpfen der heutige Volkspark, am Friedrichshain der Märchenbrunnen entstanden. Hier wie dort sprudelndes Wasser, kalksteinerne Figuren, mächtige Platanen. Auf noch ältere Wurzeln geht die »Hasenheide« zurück, in der einst Turnvater Jahn die Jugend ertüchtigte. Heute findet sie sich vor allem im Park ein, um sich mit Dope zu versorgen. Ignorieren Sie die Dealer, ignorieren Sie die Jogger, Walker und Biker und gönnen Sie sich in der »Hasenschänke« eine Krautwurst mit Kartoffelsalat für 2,50 Euro. Vorzügliche Bedienung am Kiosk – wir wurden einmal Zeuge, als eine neue Bedienung mit den Worten eingearbeitet wurde: »Und wenn Sie dem Kunden das Wechselgeld zurückgeben, sagen sie ›Danke‹ und sehen ihm ins Gesicht.«

Liebhaber der jüngeren Geschichte sollten sich besonders in den Parks im Osten der Stadt umsehen. Rund um den Bunker am Friedrichshain, im Treptower Park oder auf dem Trümmerberg (»Volkspark Prenzlauer Berg«) treffen Sie noch auf bronzene Sowjetsoldaten, steinerne Bauarbeiter und LPG-Bäuerin-

Tipp: Beschreiben Sie in www.berlinfuerarme.de Ihre
Lieblingsecken in den Parks. Unsere sind:

- *Tiergarten: Das neue Rondell rund um die berittene Amazone, Luiseninsel*
- *Babelsberg: Wildnis oberhalb des Schlosses*
- *Glienicke: Brückenruine auf dem Weg nach Nikolskoe*
- *Viktoriapark: Wolfsschlucht*
- *Hasenheide: Rhododendrengarten*

nen, auf geborstene Gehwegplatten und handgeschmiedete Klettergerüste.

Davon kann bei den neuesten Parkschöpfungen natürlich keine Rede sein. Dafür herrscht dort ein außerordentlich buntes Treiben, im Mauerpark ostwestdeutsch, am Görlitzer Bahnhof mehr orientalisch geprägt. In beiden Parks können Sie in Gedanken die früher hier befindlichen Grenzanlagen durchbrechen, im Görlitzer, indem Sie dem Hauptweg über die Brücke des Landwehrkanals folgen und auf dem ehemaligen Bahndamm nach Treptow spazieren.

Der neueste Park entsteht gegenwärtig hinter dem »Tempodrom«. Baustellenbesichtigungen sind an Wochentagen immer wieder lohnenswert. Welch schönes Gefühl ist es doch, anderen bei der Arbeit zuzusehen. Wie der Steinsetzer im Kiesbett mit den Pflastersteinen kniet; wie sich die Kräne drehen, wie sich die Bagger bäumen, wenn sie mit Baumwurzeln oder altem Gemäuer kämpfen. Machen Sie sich ruhig ein bisschen nützlich, indem Sie die fahrbaren Betonmischer in die Baustelle einwinken. Auch für kluge Hinweise wie »Versuch es doch mal hochkant!« wird man Ihnen dankbar sein, vorausgesetzt, der Angesprochene versteht nicht nur polnisch oder portugiesisch. Befriedigt darüber, ein klein wenig zum Wachstum Ihrer Stadt beigetragen zu haben, können Sie nun weitergehen. Beispielsweise zum neuen Hauptbahnhof. Hat sich mal wieder eine Strebe von der Fassade gelöst? Nein, alles scheint intakt zu sein. Wie weit sind sie mit der Uferpromenade gekommen? Sieh an, man kann jetzt vom Schloss des Bundespräsidenten, vorbei am Kanzleramt, bis zum Paul-Löbe-Haus laufen und dort den Kaninchen die Zunge rausstrecken.

Die Arbeitswelt mit der Natur lässt sich sehr gut auf einer Schienenwanderung verbinden, wobei man darauf achten sollte, dass das betretene Gleis stillgelegt ist. Man erkennt das am Rost auf den Schienen oder, wie im Falle des Görlitzer Bahnhofs und seiner Verlängerung, an deren völligem Fehlen. Am Gleisdreieck können Sie noch den Teer- und Steinkohlengeruch vergangener Dampflok-Zeiten atmen. Durch den Zaun des »Museums für Technik und Verkehr« ist es möglich, alte Windmühlen, Wasserkräne und halbierte Lastkähne zu betrachten, ohne Eintritt dafür zu bezahlen. Ansonsten können Sie sich in dem von freiwilligen Helfern geschaffenen »Naturschutzzentrum Gleisdreieck« ergehen, dort das Versuchsfeld »Urgetreide und Andenkartoffeln« besuchen und sich anhand reichlicher Beschilderung über die heimische Pflanzenwelt informieren, was Ihnen bei der Sammlung von Heilkräutern (siehe: »Heile dich selbst«) und Wildfrüchten zugute kommen wird. Haben Sie die Yorckstraße überquert, treffen Sie gleich hinter den Brücken auf schlagende Beweise für die Richtigkeit des Sprichwortes »Not macht erfinderisch«. In den alten Bahnwärterhäuschen und Stellwerken haben Obdachlose und andere Naturliebhaber ihre Sommerquartiere aufgeschlagen. Vorsicht vor den Hunden!

Das alles ist kostenlos. Mitunter aber scheint der Griff zum Portemonnaie unumgänglich. Nehmen wir an, Sie haben ein gemeinsames oder geteiltes oder adoptiertes, egal Sie haben irgendein Kind, das unbedingt mit dem Dampfer fahren will. Jetzt nichts überstürzen! Lotsen Sie es in die S-Bahn und fahren Sie zum Wannsee. Dort verkehrt zu jeder vollen Stunde die Fähre nach Kladow, die Sie mit Ihrer BVG-Karte umsonst benutzen dürfen. 20 Minuten können Sie und Ihre Lieben dort über die Wellen gleiten, zum Gutshaus Neu-Kladow wandern oder von dem gesparten Geld ein Eis im »Dampfa-Eck« kaufen und anschließend wieder zurückfahren. Auch zwischen Spandau und Tegelort, in Schmöckwitz, Rahnsdorf und Oberschöneweide gibt es BVG-Fähren, die Sie an dem in Berlin so regen Wasserverkehr teilhaben lassen (genauere Informationen: *www.bvg.de*).

Eines der auf Spaziergängen mitunter allzu drängenden Probleme ist die angemessene Verrichtung der Notdurft. Man kann über das wilhelminische Berlin denken, was man will, aber wohin der Kaiser zu Fuß ging, dort stand auch ein Pissoir. Selbst wenn dabei an die Kaiserin nicht gedacht wurde, muss man in dieser Hinsicht einen gravierenden Rückschritt verzeichnen. 0,50 Euro verlangt die Firma »Wall« dafür, dass man in ihren Katakomben verschwinden kann und sich, weil die Tür so langsam aufgeht, womöglich vorher schon in die Hosen macht. Dann gehen Sie lieber zu »McDonald's«, wo wir den Toilettenbesuch dem Verzehr der angebotenen Speisen und Getränke vorziehen. Auch auf Friedhöfen finden Sie in der Nähe der Kapelle häufig ein offenes WC. Ansonsten bleibt Ihnen nur die in Berlin glücklicherweise so wild wuchernde freie Natur.

Wohin der Kaiser zu Fuß geht

Von links oben nach rechts unten:
mit der Kaiserin, allein, mit Kleingeld, ohne

Tipp und QUIZ 3: Suchen Sie auf einer Spazierfahrt mit dem Rad nach den schönsten Straßenbäumen Berlins. Für uns sind es die im vorigen Jahrhundert eingeführten Japanischen Schnurbäume. Wenn Sie an uns die richtige Antwort auf folgende Frage schicken, nehmen Sie an der Verlosung eines Spazierstocks aus Bambus teil. In welcher Straße blühen im August die Japanischen Schnurbäume?

A: Kastanienallee
B: Pappelallee
C: Bergmannstraße

Der Tagesausflug

unterscheidet sich vom Spaziergang dadurch, dass man auf jenem im Normalfall geschmierte Brote mitnimmt. Nicht so, wenn Sie unserem Vorschlag folgen und zu einem Besuch unserer polnischen Nachbarn aufbrechen. Ihre Küche ist so originell und preiswert, dass Sie auf keinen Fall einen Gaststättenbesuch versäumen sollten. Wenn wir jetzt detaillierte Angaben zu einer Fahrt nach Słubice machen, so aus der Erfahrung heraus, dass jeder Schritt abseits von der angegebenen Route den Erfolg der Unternehmung gefährden kann.

Wir lösen eine Fahrkarte nach Frankfurt an der Oder, wozu wir uns am Bahnhof Friedrichstraße treffen. Wann ist egal, weil der Regional-Express alle halbe Stunde abfährt, jeweils 3 Minuten nach Halb oder der vollen Stunde. Wir haben Wiebke und Nikolai dazu eingeladen, damit wir das von bis zu

5 Personen benutzbare Berlin-Brandenburg-Ticket für 26 Euro verwenden können, was einen Einzelpreis von 6,50 Euro ergibt. Auf 1,30 Euro haben wir verzichtet, weil eine fünfte Person nicht in den Vierer-Sitzgruppen Platz hätte und sich demzufolge ausgeschlossen fühlen würde. Falls es sich ergibt, lassen wir noch einen polnischen Bauarbeiter oder eine Putzfrau auf dieses Ticket mitreisen.

Als Proviant haben wir nichts dabei als vier Fläschchen »Kümmerling«, die wir bei Abfahrt des Zuges öffnen. Wir sitzen im Obergeschoss, wo die fehlende Beinfreiheit durch einen guten Überblick über die ostmärkische Wald- und Wiesenlandschaft aufgewogen wird.

Bei Verlassen des Frankfurter Hauptbahnhofes wenden Sie sich strikt nach rechts. Sollten Sie Ihrem Herdentrieb und mit den anderen Reisenden den Straßenbahnschienen folgen, werden Sie in das sozialistisch-kapitalistische Neubauzentrum und damit in ein Dilemma geraten, für das wir keine Verantwortung übernehmen. Betreten Sie stattdessen durch zwei Torsäulen die kleine, rechterhand gelegene Eisenbahner-Wohnanlage und verharren einen Moment, bevor es treppabwärts geht. Von hier aus können Sie bis zur Oder und den dahinter liegenden polnischen Wäldern sehen, die so überreich an Pilzen sind. Folgen Sie uns jetzt durch eine Linkskurve in die Ferdinandstraße, die Sie mit abschüssigem Kopfsteinpflaster, den Resten der verfallenen Norddeutschen Bettfedernfabrik Siegfried Naumann auf der rechten Seite, einem von Einschüssen zernarbten Mietshaus, an dem noch die Reste des abgerissenen Nachbarhauses kleben, auf der linken Seite überraschen wird. Danach beginnen Restauration und Renovation, die aber dem schlichten, von preußischer Zurückhaltung geprägten Viertel wenig Abbruch getan, ja es sogar zu neuem Leben, wenn auch einem mit angehaltenem Atem, erweckt haben.

Die Hauptstraße verlassen Sie durch einen der schmalen Gänge, die zu der parallel verlaufenden Parkanlage unterhalb des Viertels führt. Sie hat etwas vom Anger eines sehr großen Dorfes, begrenzt von niedrigen Häusern, und wurde durch die gartenpflegerischen Maßnahmen verschiedener Jahrhunderte verschönt. In der Nordhälfte des Platzes sehen Sie die Gertraudenkirche. Treten Sie in sie ein, obwohl sie weder von außen noch von innen einen besonders einladenden Eindruck macht. Mehr als der Seelsorge dient sie nämlich der Verwaltung. Zu diesem Zwecke wurde in der Epoche der »Kirche im Sozialismus« das Hauptschiff durch eine Zwischendecke horizontal und diverse Wände vertikal geteilt. In einem der so entstandenen Zimmer werden Sie ein Sekretariat finden, wo man Ihnen den Schlüssel für einen Raum im Obergeschoss aushändigen wird, in dem Ihnen die Augen übergehen werden.

Frankfurt an der Oder hatte seine Blütezeit im Jahrhundert der Pest und des Veitstanzes, demzufolge die drei Kirchenfenster der Marienkirche am Marktplatz alle dem Teufel gewidmet und von der Farbe Grün dominiert waren. 111 der 117 Kirchenfensterscheiben sind inzwischen von ihrem Ausflug nach Russland zurückgekehrt, während über die restlichen sechs noch verhandelt wird. In dieser Bodenkammer nun werden Sie auf einen Teil der Innenausstattung der Kirche stoßen, der nicht weniger bemerkenswert als die Fenster ist und, aus welchen Gründen auch immer, ebenfalls vor den Blicken gewöhnlicher Touristen verborgen wird. Ein vergoldetes Altarschnitzwerk, dessen Figuren in ihrer Pracht und Größe an Veit Stoß erinnern. Ein bronzenes Taufbecken, wimmelnd von Kreaturen dieses fluchbeladenen und trotz seiner Armut zu so wundervollen Schöpfungen fähigen 14. Jahrhunderts! In der gleichen Gießerei, und wahrscheinlich vom gleichen Künstler gefertigt, ein vergoldeter Kandelaber von der Größe einer zwölfjährigen Eiche, einmalig in Norddeutschland – wie alles, was Sie hier sehen. Werfen Sie danach bitte mehr als 5 Cent in die Spendenbüchse, damit die Kunstwerke aus ihrer Verbannung freigekauft werden können.

Und nun zurück an die frische Luft. Am frischesten weht sie von der Oder her. Zu ihr gelangen wir, indem wir den Ehrenhain für die Sowjetsoldaten durchschreiten, uns danach links wenden und auf einer schmalen Brücke die sumpfige Alte Oder überqueren. Wir betreten eine langgestreckte Insel, von deren vorderen, rabattengeschmückten Teil Sie sich nicht abschrecken lassen, sondern zügig bis zum Flussufer durchgehen sollten. Hier ist die Insel einfach Wildnis, die Weiden sind noch vom getrockneten Schlamm der letzten Überschwemmung behangen, der Fluss zieht rasch an ihnen vorbei. Hier setzen wir uns auf die Uferböschung und könnten noch vier weitere Flaschen »Kümmerling« gebrauchen. Siehe da, sie finden sich in einer Jackentasche und helfen uns bei der Betrachtung der wirklich wichtigen Fragen des Lebens. Woher kommt all dieses Wasser? Wieso hört es niemals zu fließen auf? Warum läuft die Ostsee, in die es bei Stettin fließt, niemals über? Ist der Gedanke, dass sich das Klima *nicht* wandeln könnte, nicht der eigentlich ungeheuerliche?

Wir lassen einige Steine über das Wasser springen, wir verwickeln den Angler in ein Gespräch über den Fischreichtum der Oder vor und nach der Wende. Ist der Biber ein Fisch oder nicht? Wie fängt man am besten Nutrias? Danach schlendern wir auf dem Uferweg weiter bis zur Inselspitze und dann zurück zu einer zweiten Brücke, die uns wieder auf das Festland bringt. Wir betrachten die neuen Gebäude der »Viadrina-Universität«, die renovierten Speicher flussabwärts – alles sehr schön, alles sehr leer. Wir lassen den Dampfer an seiner Anlegestelle liegen, weil er nicht der BVG gehört und andere Dampferfahrten stets durch die lautsprecherischen Kommentare der Schiffsführer beeinträchtigt werden.

Stattdessen steuern wir die »Brücke der Freundschaft« an, die sich in entschlossenem Bogen vom West- zum Ostufer der Oder oder umgekehrt schwingt. Hier sehen wir, weshalb Frankfurt so leer war: die Einwohner spazieren oder fahren alle nach Polen. Richtige Grenzen haben durchaus ihre angenehmen Seiten, insbesondere wenn sie durch Flüsse markiert werden. An jedem Ufer leuchten Grenzpfähle, die kenntlich machen, wo die Heimat und wo ist die Fremde; man darf sich mit seinem Pass als ordentlicher Staatsbürger ausweisen, unabhängig davon, ob man arbeitslos ist oder nicht; man schwebt, wenn man die Brücke überschreitet, für Minuten in einem Niemandshimmel, der einem die Erde um so kostbarer macht.

Und man kann 10 Euro in 38 Złoty umtauschen. Diesen Akt der Vervielfachung sollten Sie keinesfalls auslassen, auch wenn Sie fast überall in gesamteuropäischer Währung zahlen können. Beispielsweise im Friseursalon, der sich am Brückenende gegenüber des Umtauschkioskes befindet. 4 Euro wird für jede Frisur verlangt, was bei den Herren eine Ersparnis von durchschnittlich 8 Euro macht, bei den Damen eine von 20 machen würde, falls sie sich zu einer maschinengeschnittenen Igelfrisur entschließen könnten. Wie dem auch sei, der Wind weht Ihnen danach frischer ums Haupt, wenn Sie den lindenbestandenen Uferweg entlang flanieren. Wir wählen die südliche Richtung. Vom Deich aus können Sie am Beispiel der polnischen Angler beobachten, wie man auch ohne dreifach verlängerbare Weitwurfangeln aus Fiberglas auf Fischjagd gehen kann.

Überhaupt dient dieser Ausflug der Erkenntnis, dass selbst bei einem Monatsverdienst von 300 Euro das menschliche Leben noch nicht aufhört. Am Ende des Nebenarmes, den hier die Oder bildet, sitzen die Geringverdiener recht gemütlich vor und in einem Kiosk, Flaschenbiere und Zigaretten in den Händen, unbeeinträchtigt von Rauchverboten und miteinander, statt mit ihren Handys oder Hunden redend. Sie können sich dazu setzen, uns aber auch in das »Bistro Zuzanna« folgen, um Ihren Hunger zu stillen.

Der Weg dorthin ist nicht ganz einfach zu finden, weil Słubice mit anderen polnischen Städten die Eigenart teilt, dass es dort zwar Straßen gibt, diese sich aber gern verirren oder einfach aufhören, weshalb man sich lieber auf Pfaden zwischen den häufig einzeln stehenden Häusern und Wohnblocks bewegt. Richten Sie sich einfach nach der Sonne. Sie dürfte jetzt im Zenit und damit über Ihrem linken Ohr stehen. Wenden Sie ihr das Gesicht zu, und wenn Sie etwa eine halbe Stunde durch das Städtchen mäandern, werden Sie unweigerlich auf einen freien Platz gelangen, der einem auch für Panzer geeigneten Rundverkehr Raum bietet.

Am Beginn der nördlichen Häuserzeile liegt das »Bistro Zuzanna«, leicht kenntlich an dem handgeschmiedeten Eisengatter, das seinen Vorgarten umzäunt. Nehmen Sie in diesem Platz und warten Sie nicht auf die Kellnerin, denn hier herrscht Selbstbedienung. Die Speisekarten liegen auf dem handgeschnitzten Tresen im Lokal aus und sind zweisprachig verfasst. Allerdings weisen wir auf einen Übersetzungsfehler hin: die unter »Zupy« aufgeführten Bohnen sind Erbsen. Ohnehin ziehen wir die unter »Barszcz« aufgeführte Suppe aus Roten Beeten vor. Stellen Sie in Ruhe Ihr Menü zusammen und bestellen Sie am Tresen.

Unser Vorschlag lautet:

- 4 Barszcz
- 4 Bigos
- 4 gemischte Salatteller (vorzüglich!)
- 4 große Bier »Tyskie«.

Die Speisen und Getränke werden an den Tisch gebracht. Sie bezahlen pro Person dafür am Tresen runde 7 Euro oder 27 Złoty, die Sie auf dem Heimweg wieder einsparen können, wenn Sie nach unseren Anweisungen verfahren, nämlich in einem der Tabakshops eine Stange Zigaretten und/oder mehrere Packungen Zigarillos kaufen, die Sie entweder selbst rauchen oder an einen Raucher im Zug weiterverkaufen. Meiden Sie nicht den Kontakt mit den auf, vor und um die Brücke herum postierten, etwas verwilderten Gestalten – sie beißen nicht, sondern wollen Ihnen nur die selbst geernteten Naturprodukte verkaufen, als da je nach Jahreszeit sind: Hafermastgänse, Spargel, Erdbeeren, Stein- und Kernobst, Pilze und Beeren. Greifen Sie zu und bereiten Sie sich zur Abrundung des Sonntags davon zu Hause eine gemeinsame Mahlzeit.

Mit dem Brandenburg-Ticket können Sie auf ähnliche Weise Ihre märkische Umgebung vom Spreewald bis zur Uckermark, vom Fläming bis in die Lausitz erkunden.

Nah- und Fernreisen

Zugreisen ins Ausland haben den Vorteil, dass man bei ihnen
nicht auf die rasenden Konservendosen der Deutschen Bahn
angewiesen ist, sondern die wesentlich gemütlicheren Modelle
unserer Nachbarländer nutzen kann. In ihnen kann man
noch die Fenster öffnen oder es sich in einem geräumigen
Speisewagen oder einem Raucherabteil bequem machen.

Bei einer Fahrt im Nachtzug nach Paris gipfeln diese Vorteile in dem der Umsonstfahrt. Es ist ganz einfach: Setzen Sie
sich in den Speisewagen und sagen dem Kontrolleur, dass
Sie Fahrkarte und Pass beim Schlafwagenschaffner abgegeben
haben; zum Schlafen begeben Sie sich in die zweite Klasse und

werden erst geweckt werden, wenn es Zeit zum Aussteigen ist. Für Paris selbst sollten Sie genügend Proviant eingepackt haben, die Stadt am besten zu Fuß durchqueren und sie in der nächsten Nacht wieder verlassen, wenn Sie nicht bankrott zurückkehren wollen.

In Prag ist diese Gefahr nicht so groß. Der »Vindobona-Express« (in dem die Kellner das Wechselgeld auf Untertassen klimpern lassen) bringt Sie in fünf Stunden nach Praha-Holešovice, wo Sie nicht den Bahnhof verlassen sollten, ohne sich an einem der gläsernen Kioske ein Privatquartier für rund 20 Euro vermitteln zu lassen. Am besten in Holešovice selbst oder in einem der anderen Randbezirke wie Vyšehrad, Vinohrady oder Žižkov, wo der Gulasch mit Knödel noch 3,50 Euro kostet, das Staropramen und der Slivovic 1 Euro, und Sie trotzdem nah genug an der Altstadt sind, um dort Ihre Runden drehen zu können.

Brauchen Sie ganz schnell eine Luftveränderung, informieren Sie sich am besten über die derzeit billigsten Flüge und setzen sich für 19 Euro in eine Maschine nach Riga oder Budapest. Wenn Sie vorher genügend Brote schmieren, können Sie Ihre Ausgaben darauf beschränken, denn die Luft, das Leitungswasser und die Parkbänke zum Übernachten sind überall kostenlos.

Falls Sie auf diese Weise einmal nach Barcelona gekommen und womöglich noch in eine der Fiestas geraten sind, bei der ein Teil der Bevölkerung auf Stelzen und mit weinfassgroßen Köpfen durch die Straßen läuft und der andere miteinander tanzt, werden Sie das Bedürfnis haben, ab und zu wiederzukommen. Uns überfällt dieses Bedürfnis regelmäßig im Frühling. Was steht seiner Befriedigung entgegen? Die 340 Euro, die wir infolge unserer gehobenen, aber nicht unmäßigen Ansprüche dafür benötigen, sind immer aufzutreiben. 100 Euro pro Person kostet im Schnitt der Flug, 60 Euro die drei Übernachtungen im geteilten Zimmer des Hostals »Nilo« in der Ciutat Vella, und 80 Euro reichen völlig aus, um ohne Entbehrungen über vier Tage zu kommen.

Die meisten Vergnügungen sind ohnehin kostenlos. Warum zum Beispiel sollten Sie Eintritt für das Museum der modernen Kunst bezahlen? Darin hängen doch die gleichen Bilder wie in Berlin, Prag und Riga. Warum sollten Sie sich mit den Massen durch Gaudis Disneylandkirche wälzen, die Sie von so vielen Abbildungen kennen, dass Sie nicht mehr überrascht werden können? Genießen Sie lieber den geheimnisvollen Dom mit den durch den Kreuzgang watschelnden Gänsen und der kostenlosen Toilette. Warum sollten Sie in einer Seilbahnkabine Platz- und Absturzängste ertragen, wenn Sie den Berg mit der Festung auch zu Fuß ersteigen und dabei all die Parks und Gärten durchqueren können, die, wie die der Semiramis, grün und plätschernd über der knochenfarbenen Stadt hängen?

Und wo erleben Sie mehr: auf einem der kompanieweise formierten Kaffeehausstühle der Plaza Real, zitternd vor jedem Kellner und seiner Rechnung, oder auf der anderen Seite der Rambla, auf einer Parkbank im Schatten der Markthalle? Zwar sind seit der Olympiade die Gitanos hier weniger geworden, aber die dafür hinzugekommenen Afrikaner und Lateinamerikaner sind nicht weniger interessant. Haben Sie schon mal Ihren Wein – von einem Fensterausschank gegenüber – inmitten einer haitianischen Großfamilie getrunken? Da können Sie etwas erleben, was Ihnen kein Theater, kein Kino und keine Transvestitenshow zu bieten in der Lage ist.

Berlin und Barcelona haben einiges gemeinsam. Beides sind keine imperialen Städte wie Wien, Madrid oder Paris, aber doch königliche, wenn auch ihre Königreiche längst oder unlängst untergegangen sind. Und sie geben beide der Armut Raum, weshalb sie auch bei den durch Europa Reisenden mit wenig Geld die derzeit beliebtesten Metropolen sind. Ihr Tempo ist rapide, ihr Ton rauh, aber nicht herzlos. Der Berliner darf hier bei einem *Café con leche* oder einem Viertel katalanischen Rot- oder Weißwein zu jeweils 2 Euro sein gewohnt unambitioniertes Leben führen und bekommt dabei noch eine Energiespritze verpasst, die ihn für ein Quartal am Laufen hält.

Bei wem das zu Schlafstörungen führt, der sollte die Stadt für anderthalb Tage verlassen, um an der Costa Brava Entspannung zu finden. Wir empfehlen Sitges, den noblen Badeort eine knappe Bahnstunde südlich. Begeben Sie sich dazu zur Estació de Sants. Dort nehmen Sie den mit »Sitges« ausgeschilderten Vorortzug, der unserer S-Bahn entspricht, aber anstatt durch märkische Wälder entlang der Mittelmeerküste fährt. Steigen Sie da aus, wo die Küste am bewegtesten ist, nämlich hinter dem von einer Barockkirche gekrönten Felsenkap von Sitges.

Die Bahnhofstraße führt Sie direkt ins Zentrum. Dort werden Sie in einem ehrwürdigen Eckhaus der Carrer de Parellades ein gleichnamiges Hostal (»Parellades«) finden, in dem Einzelzimmer für 23 Euro und ein sehr prachtvolles Doppelzimmer für 60 Euro vermietet werden. In beiden Fällen können Sie am nächsten Morgen auf der Dachterrasse frühstücken, erquickt von einem durch Meeresrauschen untermalten Schlaf. (Achtung: Gilt nicht für die Wochenenden, wenn die Barcelonesen die Rambla den Touristen überlassen und ihren Corso in Sitges abhalten!)

Dann nehmen Sie Ihre Badesachen und gehen zum Strand. Genießen Sie die Promenade, den Wind, der mit den Palmwedeln spielt, die wie Haare zusammengebunden sind, freuen Sie sich an dem Anblick des für ein Bad noch zu kühlen, Respekt heischenden Meeres. Rechts ist die Mole, links das Felsenkap. Sie können sich mal dahin, mal dorthin legen, auch einen Blick in das Kirchlein werfen und, wenn Sie unbedingt müssen, in das benachbarte Museum, dann den Strand auf der anderen Seite des Kaps für sich erobern, bis hin zum Yachthafen, wo Sie sich darüber freuen können, dass Sie nicht durch den Besitz eines Schiffes gebunden sind, an dessen Bord Sie sich langweilen müssen, sondern jederzeit den Zug zurück nach Barcelona nehmen können.

Tipp für das Abendessen: Nicht eines der teuren Strand-restaurants besuchen. Der Blick auf das Meer ist überall gleich, in der Tapas-Bar »El Cable« in der Carrer Barcelona aber können Sie besser und zum halben Preis essen und trinken und sich am Anblick, an Rede und Gesang wasch-echter Katalanen erfreuen.

Fernreisen

Wer meint, den Berliner Winter unbeschadet vor Ort überstehen zu können, melde sich unter *www.berlinfuerarme.de*. Wir werden ihm einen geeigneten Psychiater nennen, der sich an der Wiederbelebung seiner Seele versuchen wird. Für uns gewöhnliche Sterbliche ist der genannte Winter einfach zu schmutzig, grau und lang, als dass wir ihn nicht durch einen Aufenthalt unter Kokospalmen abzukürzen gezwungen sind.

Bei Auswahl des Ferienziels sollten Sie weniger Reiseprospekte als vielmehr die Statistiken der UNO über das Pro-Kopf-

Einkommen der Bevölkerung dieser Welt zu Rate ziehen. Die ärmsten Länder sind auch die billigsten. Wollen Sie gern Opfer einer Entführung mit kostenloser Beköstigung werden, empfehlen wir den Jemen oder Kolumbien. Sind Sie mehr an Kultur interessiert, sollten Sie in Lateinamerika Peru oder Mexiko bereisen, dort speziell die Pazifikküste, die zwar schwerer zu erreichen, dafür aber preisgünstiger ist. In Mazunte etwa bezahlen Sie für zwei Nägel, an denen Sie Ihre Hängematte befestigen können, ab 3 Euro pro Nacht, in den komfortableren Pfahlhäusern zwischen 10 und 20 Euro. In Asien wiederum können Sie zwischen Indien und den Philippinen nicht viel falsch machen. Das Problem bei beiden Kontinenten sind lediglich die weite Entfernung und die damit verbundenen Flugkosten.

Sie lassen sich aber mehr als ausgleichen, wenn Sie Ihr Zimmer in dieser Zeit untervermieten. Bei den verschiedenen Zimmervermittlern (siehe »Adressen«) können Sie mindestens 30 Euro pro Nacht verlangen. Sollte Ihr Haushalt wie unserer aus zwei Personen bestehen, empfiehlt es sich, dass eine Person immer das Haus hütet, während die andere sich in einer Hängematte wiegt; ansonsten kann es passieren, dass Sie bei Ihrer Heimkehr völlig andere Untermieter vorfinden als die, die Sie verlassen haben. Vielleicht finden Sie auch niemanden mehr vor und Ihre Möbel fehlen ebenso, dafür wurde aber eine gepfefferte Telefonrechnung hinterlassen. Getrenntes Reisen ist auch aus anderen Gründen zu empfehlen. Wann werden Beziehungen auf die härtesten Proben gestellt? Während langer Reisen, von denen sich jeder eine Erweiterung seines Horizontes erhofft, der ihm aber vom anderen verstellt wird. Wann ist die Wiedersehensfreude am größten? Wenn man nach langer Trennung etwas Interessantes zu erzählen hat.

Nehmen wir an, Sie wollen den Februar auf der Götterinsel

Bali verbringen. Sie haben schon insofern eine gute Wahl getroffen, als Sie dort kaum mehr Geld benötigen werden als zur gleichen Zeit in Berlin. Wenn Ihnen jemand zu bedenken gibt, dass die seit zehn Jahren unverändert niedrigen Preise mit der Terrorgefahr durch islamistische Fundamentalisten zusammenhängen, sollte Sie das nicht über Gebühr beunruhigen. Wer sagt Ihnen, dass die nächste Bombe nicht auf dem Markt am Winterfeldtplatz anstatt auf dem von Legian hochgehen wird.

»Wo das Leben nie in Gefahr ist, gibt es nie eine Beseligung eben dieses Lebens.« (Robert Walser)

Buchen Sie also getrost einen Flug nach Denpasar und steigen Sie in die entsprechende Maschine. Wie der Flug auch sei, irgendwann wird er zu Ende sein. Beim Betreten der Gangway haben Sie das Gefühl, man umhüllt Sie mit feuchten, heißen Tüchern. Doch keine Angst, schon nach wenigen Stunden werden Sie Schopenhauer Recht geben, der behauptete, wir Europäer wären alle nur gebleichte Neger. Werfen Sie also auf der Flughafentoilette allen kleidungsmäßigen Ballast von sich und nehmen Sie ein Taxi nach dem anderthalb Stunden entfernten Ubud, was Sie etwa 6000 Rupien, das heißt 6 Euro kosten wird.

Haben Sie das von Motorrollern verstopfte Denpasar hinter sich, sind Sie endlich aus Kuta und Legian hinaus und zieht sich die noch immer ununterbrochen von Palmen, Hütten und Menschen gesäumte Landstraße inzwischen durch Reisfelder und Flusstäler, wird es ganz schnell dunkel werden. Feuer flammen auf; der Duft von Blüten, Früchten und der Kretekzigarette des Chauffeurs mischt sich mit dem von verbranntem Laub und Abfällen. Auch auf dem Markt von Ubud brennen Feuer, in der Straße davor stauen sich die Bemos, Klein-busse, die die Händlerinnen zurück in ihre Dörfer bringen. Der Fahrer biegt in eine Seitenstraße ein und hält vor der von Ihnen angegebenen Adresse: *Jalan Gothama 12.* Neben der Tür hängt ein Schild mit einem Häuschen unter einer Palme und der Inschrift *Homestay sri nadi.*

Drinnen werden Sie vom Hausherren oder einer der beiden Töchter empfangen. Ein Homestay ist eine im Gehöft der Familie untergebrachte Herberge. In diesem Fall in zwei Häusern, die den Abschluss des Anwesens bilden, das außerdem noch aus den Behausungen der Familie, ihrem Tempel und einem Schatten spendenden Podest in der Mitte des Hofes besteht. Alle sind einstöckig bis auf die Gästehäuser, deren untere Zimmer auf den etwas tiefer liegenden Garten gehen, in dem etwa so viele Pflanzen wachsen wie im großen Tropenhaus des Botanischen Gartens in Dahlem. Diese Zimmer kosten 3 Euro pro Nacht, die großen darüber 6 oder 8 Euro. Wenn es nicht gerade jemand von uns benutzt, nehmen Sie das für 6, das in etwa die Größe einer Berliner Zweizimmerwohnung hat, nicht mitgerechnet die ebenso geräumige Veranda.

Sie packen Ihre sieben Sachen aus. Sie sehen auf der Toilette nach, ob Kakerlaken drin sind. Es sind keine drin, es gibt kein Warmwasser und kein Toilettenpapier. Macht nichts, denn das eine brauchen sie so wenig wie das andere, weil Sie in Kürze daran gewöhnt sein werden, sich bei jeder Gelegenheit kaltes Wasser mit der Schöpfkelle über den Kopf zu kippen und Ihren Allerwertesten statt mit ekelhaftem Papier ebenfalls mit Wasser zu säubern.

Sie machen sich ausgehfertig und brechen zu Ihrem ersten Restaurantbesuch auf. Die Auswahl ist groß, denn Sie sind beileibe nicht der einzige Tourist in Ubud. Doch der Straßen und

Gassen sind unendlich viele im Ort, so dass Sie ihnen leicht aus dem Wege gehen können. Vor der Brücke nach Campuan gelangen Sie zu »Murni's Warung«, in dem Sie drei Stockwerke tief nach unten gehen, bis Sie sich auf Wipfelhöhe der Palmen befinden, die am Grunde der benachbarten Schlucht wachsen. Sie hören Frösche quaken. Bestellen Sie jetzt etwas, was Sie noch nie gegessen haben, beispielsweise Schenkel von nicht mehr quakenden Fröschen in Knoblauchbutter. Danach warmen Sagopudding. Danach einen Arak mit Eis und Honig. – Richtig, »Arak« stand neben »Kümmel« und »Buletten« an den Kellerkneipen auf Zilles Zeichnungen. Es ist der hiesige Zuckerrohrschnaps, der Ihnen das Gefühl geben wird, Berlin und Bali seien doch nicht so weit voneinander entfernt, ja im Grunde Nachbarinseln.

Der Unterschied zwischen beiden und Java sowie dem Rest des indonesischen Archipels besteht darin, dass Sie in ersteren nicht von Muezzins geweckt werden. In Berlin werden Sie es von Müllautos, auf Bali von den die gleiche Funktion ausübenden Großmüttern. Sie fegen morgens zwischen fünf und sechs die Höfe mit wie Bündel übergroßer Mikadostäbe aussehenden Besen, was ein scharrendes Geräusch ergibt, das Sie zusammen mit dem Konzert der Hunde und Kampfhähne aus dem Bett treiben wird. Aber auch daran, dass in den Tropen der Tag um 6 beginnt und abends um 10 endet, werden Sie sich gewöhnen.

Sie treten auf die Veranda. Nehmen wir an, Sie sind bereits anderthalb Wochen da, doch von Tag zu Tag beglückt Sie der Blick mehr, den Sie jetzt genießen. Das gesamte Viertel liegt wie ein grünes Meer aus Kokospalmen, Bambushainen und Bananenstauden unter Ihnen, aus dem nur ab und zu ein rotes Ziegeldach ragt. Nehmen wir an, Sie haben inzwischen einen gebatikten Sarong gekauft. Den schlingen Sie um Ihre Hüfte, nachdem Sie drei Schöpfkellen kaltes Wasser über dem Kopf ausgegossen haben, und widmen sich Ihrem im Preis inbegriffenen Frühstück. Von der Veranda aus beobachten Sie, wie die jüngste Tochter die Götter ehrt, indem sie, wie jeden Morgen, ein geflochtenes Körbchen mit Reis und Früchten vor die Haustür stellt und es mittels einer zwischen kleinem und Ringfinger geklemmten Blüte mit Wasser besprengt.

Nehmen wir an, Sie haben, Ihrem Reiseführer folgend, inzwischen die Affen im Monkey Forest gefüttert und die Tempel von Tanah Lot und Besakih besichtigt, Sie sind zwei Tage in der Blue Lagune von Padang Bai geschnorchelt und geschwommen und jetzt bereit für den Alltag von Ubud.

Auf dem Verandatisch wartet Ihr alter Laptop oder ein neues Tagebuch oder ein Bogen Briefpapier. Wie dem auch sei, die erste Stunde des Tages sollten Sie der schriftlichen Meditation widmen, in der Sie das am Vortag Erlebte verarbeiten, damit Sie frei für neue Erkundungen sind. Auch das Zeichnen der auf die Veranda gewehten Hibiskusblüte, der Papayabäume und Palmen im Garten ist eine lohnende Beschäftigung. Sie können sie als Kartengruß verschicken, und selbst wenn sie Ihnen dafür zu schade oder zu schäbig ist, haben Sie doch die Pflanze so genau betrachtet, wie es beim Fotografieren nie möglich gewesen wäre.

Danach tun Sie das, was Sie auch in Berlin tun: Sie gehen spazieren. Doch anstatt die Schönhauser Allee entlang bis nach Pankow zu marschieren, nehmen Sie eine der schmalen Straßen, die hinaus in die Reisfelder führen. Wenn Sie einen der mit Kokospalmen gesäumten Wege erreicht haben, ziehen Sie die Sandalen aus und laufen barfuß weiter. Die als Vogelscheuchen dienenden Bambusmühlen klappern im Wind.

Enten (sehr zu empfehlen im »Café Wayang«) watscheln und schwimmen durch die Felder. Weiße Reiher jagen nach heuschreckenartigen Insekten, Kinder mit Leimruten ebenfalls. Werden Sie von letzteren oder von einem Erwachsenen angesprochen, erschrecken Sie nicht und seien Sie dankbar, ein paar englische oder gar indonesische Worte, die Sie auf der Veranda gelernt haben, wechseln zu können.

Vor Ihnen liegt das Dorf Penatanan. Neben dem Tempel, in dem die Mädchen des Ortes für den abendlichen Tanz proben, gibt es einen Warung, in dem die Köchin Erdnüsse mit Soyasoße in einem Mörser zerreibt und sie zu den auf einem kleinen Grill gerösteten Hühnerfleischspießen serviert. Zusammen mit etwas Reis verzehren Sie diese 30 Cent kostende Köstlichkeit, während Sie dabei Gamelanmusik hören und tanzende Mädchen betrachten.

Anschließend holen Sie die Karte »Surrounding Ubud« hervor, die Sie am preisgünstigsten im »Ganesha« in der Marktstraße erhalten, das auch über ein kleines Angebot deutschsprachiger Bücher verfügt. Die Karte brauchen Sie unbedingt, weil es rund um Ubud so viele Dörfer und Flecken gibt, dass sie Ihren Orientierungssinn überfordern. Vor allem aber erschwert eine geologische Besonderheit das Wandern in Bali: Sämtliche Flüsse strömen von den Vulkanen im Norden aus in südliche Richtung und bilden mit ihren tief eingegrabenen Canons unüberwindliche Hindernisse für den Ost-West-Verkehr. Um die wenigen Brücken zu finden, benötigen Sie die Hilfe von »Surrounding Ubud«.

Nehmen wir also an, Sie stehen jetzt, die Fernsicht genießend, auf der Hochebene bei Petang. Hinter Ihnen die Bergkette, die die Heimat der eilig dahinziehenden Wolken zu sein scheint. Weit vor Ihnen und so seltsam erhöht, dass Sie es nicht glauben können, der silberblaue Streifen des Indischen Ozeans. Sie zieht es zum Wasser, doch zum süßen des Ahyung, der durch die tiefe Schlucht westlich von Ihnen tost. In Vorfreude darauf, legen Sie sich zur Abkühlung schon einmal in einen der Entwässerungskanäle, in denen die Bevölkerung sich und ihre Wäsche wäscht. Derart erfrischt machen Sie sich an den Abstieg. Die nächste Brücke ist 5 Kilometer entfernt. Sie glauben, die Karte entbehren zu können, weil doch jeder sich abwärts windende Pfad zum Fluss führen müsste. Falsch gedacht, er kann auch auf halber Höhe vor einer Quelle enden, die durch in einer Felsnische abgelegte Opfergaben als heilig ausgewiesen wird. Jetzt nicht enttäuscht, sondern erfreut sein, dass Sie unverhofft heiliges Wasser trinken und sich mit ihm duschen können. Klettern Sie vorsichtig zurück und suchen Sie sich einen neuen Abstieg.

Seien Sie gewiss, Sie finden einen. Über terrassierte Felder und Grashänge, an wiederkäuenden Kühen und Kokosnüsse schmatzenden Schweinen vorbei. Sich ernsthaft zu verlaufen ist unmöglich, weil Sie überall auf Menschen treffen können, die Ihnen den Weg weisen. Da unten, im jetzt auftauchenden Flussbett, stehen zum Beispiel Frauen im Wasser, die den schwarzen Sand in Körbe füllen, damit er in einer Seilbahn zum jenseitigen Ufer gefördert werden kann. Eine Frau, die den Korb unter Wasser auf ihren Kopf gehoben hat, lacht, als sie wieder auftaucht. Sie hat Sie gesehen auf Ihrem einsamen Felsen. Alle Frauen lachen, aber sie lachen Sie nicht aus, sondern zeigen, dass Sie flussaufwärts gehen müssen. Dort, in einer breiten Biegung, gelangen Sie bis zum Talgrund. Am anderen Ufer steht ein alter Mann mit eingeseiftem Kopf im Wasser. Er deutet auf die flache Stelle, an der Sie den Fluss passieren können. Sie ziehen die Hosen aus und halten sie

Wenn einer eine Reise tut

Von links oben nach rechts unten: Teller Barszcz,
Mexiko-Luise in der Sonne, Bali-Bernd im Regen,
Selbstgefertigter Kartengruß aus Sitges
(Ersparnis: 50 Cent)

zusammen mit Hemd und Sandalen über den Kopf, während Sie durch das Wasser waten. Sie danken dem Mann mit einer Verbeugung. Laufen am anderen Ufer weiter bis zu einem engen Talkessel, wo Sie sich, die Beine gegen einen Stein stemmend, von den Strudeln den Nacken, die Wirbelsäule und den empfindlichen Magen massieren lassen. Sie legen sich auf den Stein und lassen sich von der Sonne trocknen. Sie werden von rufenden Japanern geweckt, die in einem Schlauchboot eine Wildwassertour für 15 Euro pro Person machen. Wie Sie von ihnen beneidet werden für Ihr kostenloses Vergnügen.

Auf dem Rückweg machen Sie in Sangeh vor einer Bambushütte Halt, in der die Dorfjugend Pool-Billard spielt. Sie sind fasziniert von ihrem Spielsystem, weil es ermöglicht, dass sich bis zu 6 Spieler die Tischmiete teilen. Alle Spieler haben Karten in den Händen, die sie ablegen, wenn sie die ihr entsprechende Kugeln versenkt haben. Wer zuerst seine Karten los ist, hat gewonnen. Sie verlieren 20 Cent, aber können jetzt unter den mittellosen Berlinern eine geldsparende Form des Billardspiels einführen.

Heimgekehrt nach Ubud, statten Sie dem Schneider in der Jalan Monkey Forest einen Besuch ab. Klugerweise haben Sie sich gleich am zweiten Tag für einen vierteiligen Baumwollanzug (Jacke, Weste, kurze und lange Hose) Maß nehmen lassen. Vereinbarter Preis: 35 Euro. Als Sie fragen, ob der Anzug fertig ist, sagt der Schneider »No« und lacht. Jedes Mal, wenn Sie in Zukunft nachfragen, wird der Mann lachend »No« sagen, doch am letzten Tag wird er Ihnen, da können Sie sicher sein, einen Maßanzug der Sonderklasse aushändigen.

Mit Schuhen hingegen sollten Sie vorsichtig sein. Weder zu Kauf noch zu Anfertigung ist zu raten, da die Balinesen, wiewohl begnadete Handwerker, auf dem Gebiet der Schuhmacherei Anfänger sind und nach wie vor lieber barfuß laufen. Auch die Friseusen sind nur bedingt zu empfehlen. Zwar sollten Sie sich für 1 Euro das Haupthaar scheren lassen, doch die Damen von Ihrem Bart fernhalten. Da sie an ihren Männern nur weiche Härchen kennen, werden sie ohne vorherige Einseifung auf Ihr Gesicht losgehen und es beträchtlich verunstalten.

Zurück in Ihrem Heim. Sie haben sich einige Schöpfkellen Wasser über den Kopf gekippt, danach auf das Bett gelegt und sind selig weggeschlummert. Es klopft am Türrahmen.

Herrlich, es kann unmöglich die GEZ sein. Es ist Antonius Larenz, Ihr Qigong-Lehrer, den Sie während seiner Übungen in den Reisfeldern kennen gelernt haben. Anscheinend hat er jetzt Hunger, denn als Entlohnung für die einstündigen Kurse haben Sie jeweils ein Abendessen in einem Restaurant seiner Wahl vereinbart. Vorher aber muss er sich setzen und rauchen. Er ist ein Ethnologe, der von seiner ersten Forschungsreise niemals nach Göttingen zurückgekehrt ist, und er lächelt inzwischen wie ein Balinese. Überhaupt können Sie von ihm viel lernen. Etwa, dass man auf der Insel auch mit 200 statt mit 300 Euro im Monat auskommt oder dass holländische Fahrräder aus Kolonialzeiten für 10 Euro zu haben sind. Dass Indonesisch etwas anderes ist als Balinesisch, von dem es so viele Varianten gibt wie Kasten, also ein rundes Dutzend. Und wie man, indem man die schwebenden Bewegungen des Qigong verinnerlicht, den Lauf der Zeit verlangsamen kann, so dass Sie sich weniger vor der Abreise fürchten müssen.

Tipp: Bei ernsthaftem Interesse geben wir die E-Mail-Adresse des »sri nadi« bekannt, vorausgesetzt, Sie sind zu einer terminlichen Absprache mit uns bereit.

Schwarzfahren –
ja oder nein?

Von der großen Reise zurück, stellt sich diese Frage, die Ihre unwiderrufliche Ankunft im Alltag signalisiert, bereits im Flughafenbus und fortan so gut wie jeden Tag. Seit die BVG ehemalige Schwarzfahrer als Kontrolleure eingestellt hat, ist sie nicht mehr mit einem eindeutigen Ja zu beantworten. In zu großen Heerscharen stürzen sie sich auf die Fahrgäste, zu erbarmungslos gehen sie vor, zu demütigend ist es, von ihnen erwischt und zur Zahlung eines Bußgelds oder der Preisgabe der Personalien gezwungen zu werden. Gewiss kann man auch die Kontrolleure erkennen und den Zug schnell verlassen, wenn sie, ohne Taschen und häufig mit Baseballcaps auf dem Kopf, auf dem Bahnsteig warten. Doch übersteigt nicht dabei die erzwungene Aufmerksamkeit das Normalmaß an dem von Ihnen geschätzten Jagdfieber? Müssen Sie nicht zu oft Ihre Fahrt unterbrechen? Ist bei einem Strafgeld von 60 Euro die Gefahr des finanziellen Minus nicht zu groß?

Wir empfehlen ein gemischtes Verfahren. Scheuen Sie im Winterhalbjahr nicht die Ausgabe für eine Monatskarte und machen Sie es sich in der warmen U-Bahn mit einem guten Buch bequem, ohne den Überfall durch Kontrolleure fürchten zu müssen. Oder erkunden Sie Berlin auf langen Busfahrten. Steigen Sie an den Endhaltestellen in andere Busse um oder in eine Straßenbahn. Oder in die S- oder wieder in die U-Bahn, wo Sie die Stationsansagen auswendig lernen oder auf den Bordbildschirmen fernsehen oder die inzwischen liegen gelassenen Zeitungen lesen können.

Weitere Tipps für kostenlose Zeitungslektüre: Den Briefkasten des im Urlaub befindlichen Nachbarn leeren oder es sich in einem Hotelfoyer bequem machen und in den dort ausliegenden Zeitungen blättern, als warteten Sie auf einen Hotelgast. Sie können sich auch in eine Bibliothek begeben, aber speziell in der »Amerika-Gedenk-Bibliothek« werden Sie wenig Ruhe finden. Dort treffen Sie, neben kinderhütenden Müttern und Deutsch lernenden Taxifahrern, zu viele Schicksalsgenossen, die sich wärmen, ein Nickerchen machen und ihre Köpfe auf die gesuchten Zeitungen betten.

Im Sommer aber, wenn Sie wieder häufiger das Fahrrad benutzen, gibt es zur normalen Schwarzfahrt noch alternative Möglichkeiten. Beispielsweise können Sie den Gebrauchttickethändlern auf den größeren Bahnhöfen eine benutzte, aber noch gültige Fahrkarte zu herabgesetzten Preis abkaufen. Oder Sie benutzen Ihr eigenes Ticket einfach zweimal. Das geht folgendermaßen: Stempeln Sie es bei der ersten Fahrt auf der Rückseite ab und sagen Sie bei einer Kontrolle, die Verwechslung wäre in der Eile passiert; den zweiten Stempel auf der Vorderseite wird niemand beanstanden, wenn Sie das Ticket nicht so halten, dass man auch den hinteren Stempel sieht. Eine andere Möglichkeit ist, einen Mehrfachschein vor dem Abstempeln mit einem Klebestift zu bestreichen, so dass Sie das Datum danach wieder abreiben können. Allerdings können wir für die letzten beiden Varianten nicht die Garantie übernehmen, dass sie sich noch nicht bis zu den Kontrolleuren herumgesprochen hat und man Sie zur Verantwortung zieht. Unbedenklich hingegen ist es, Ihren Mehrfachschein in Bussen zu benutzen: Sie halten die blütenweiße Vorderseite des Tickets dem Fahrer entgegen und stempeln die Rückseite so oft Sie wollen ab.

Falls Sie sich aber zum professionellen Schwarzfahren entschlossen haben, sollten Sie über eine feste Strategie der Gefahrenabwehr und eine gewisse schauspielerische Begabung verfügen. Fürs Erste empfiehlt sich eine komplette Nichtreaktion. Versenken Sie sich in den fremdsprachigen Stadtführer, den Sie stets bei sich haben, und starren den Kontrolleur verständnislos, aber freundlich an, wenn er Sie anspricht. Lassen Sie sich Zeit, wenn Sie danach in einem Wörterbuch blättern, und ein erleichtertes Lächeln des Verstehens über Ihr Gesicht huschen, bevor Sie Ihr unabgestempeltes Ticket vorzeigen. Gibt sich der Kontrolleur damit nicht zufrieden und versucht, Ihnen auf den Zahn zu fühlen, sollten Sie immer einen Drittnamen zur Verfügung haben. Je nach Geschlecht, Aussehen und Fremdsprachenkenntnissen heißen Sie also Anna Maria Gonzalez, Sascha Kusnezow oder Herbie Holzhammer, der seine Farm in Iowa hat stehen- und liegenlassen, um das Land seiner Vorfahren zu besuchen. Die Papiere haben Sie in der Wohnung Ihres Cousins zweiten Grades namens Thomas Richter gelassen, der in einer Straße wohnt, die so ähnlich klingt wie ... na und so weiter.

Das Angenehme an dieser Art des Schwarzfahrens ist, dass Sie im Gewande einer fremden Identität sowohl sich als auch Berlin mit neuen Augen sehen lernen.

QUIZ 6: In welchem Film wird der Held dabei erwischt,
wie er als Kontrolleur mit gefälschtem Ausweis Strafgelder
von den Fahrgästen kassiert:

A: »Ghost Dog« von Jim Jarmusch
B: »Der schwarze Peter« von Miloš Forman
C: »Barton Fink« von den Cohen-Brüdern

Verloster Preis: »Das Berliner U-Bahn-Buch«, erschienen
bei Eichborn Berlin.

Heilen Sie
sich selbst!

Als die sibirische Heilerin vom Melken kam, saßen vor ihrem Blockhaus wieder drei Männer, denen der Wodka nicht schmeckte. »Sehen Sie die Kerle an«, sagte die Frau in die Kamera, »statt sich selbst zu helfen, rennen sie zum Arzt oder zu mir. Das Elend der Menschen kommt davon, dass sie sich nicht genügend mit sich selbst beschäftigen.« Eilig legte sie den Männern, deren Mienen sich sofort aufhellten, die Hand auf die Köpfe und verschwand in ihrer Hütte.

Die Frau hat Recht. Wer soll unsere Körper besser kennen als wir, die ein Leben lang darin stecken? Wir müssen nur die gleiche Hingabe, mit der wir unsere Krankheiten ausbrüten und entdecken, aufwenden, um sie zu bekämpfen. Was kann ein Arzt, der im Durchschnitt 20 Minuten für uns übrig hat, mehr wissen als wir selbst?

Nehmen wir an, Sie leiden an Nervosität des Magen-Darm-Traktes. »Bitte beschreiben Sie die Symptome.« Eine Stunde würde nicht ausreichen, um die Sinfonie aus Blähungen, Übelkeit, Verstopfung und Durchfall zu schildern, die Tag für Tag in immer wechselnden Variationen in Ihrem Leib gespielt wird, und Sie sollen es jetzt in fünf Minuten tun. »Rauchen Sie? Trinken Sie Alkohol?«, fällt danach dem Mediziner zu fragen nichts anderes ein. »Dann hören Sie damit auf und nehmen täglich dreimal drei Tropfen ›Iberogast‹.«

»31 Vol.-% Alkohol« steht auf der nicht einmal kümmerlinggroßen Flasche, für die Sie 8,58 Euro löhnen mussten, weil die Kasse bei pflanzlichen Arzneimitteln nichts dazu bezahlt. »Iberogast« hilft trotzdem nicht. Es helfen auch all die anderen Tropfen, Tabletten, Antibiotika und die aus dem Pankreas des Schweines gewonnenen Enzyme nichts. Es nützt nichts, dass nach etlichen Stuhl- und Blutproben, nach einer Darm- und einer Magenspiegelung einer Ihrer zahlreichen Ärzte die Bezeichnung »Eosinophile Gastro-Enteritis« für Ihr Leiden gefunden hat; es verunsichert Sie nur. Sie haben im Internet unter den bei Ihnen so überzahlreich vorhandenen »Eosinophilen« nachgesehen und dabei gefunden, dass sie mit den Leukozyten verwandt sind, deren Vermehrung bekanntlich ein Anzeichen für Blutkrebs ist.

Jetzt sind Sie reif für die Homöopathin. Dem irrationalen Verhalten Ihres Körpers am ehesten angemessen scheint Ihnen eine Heilkunde, die nicht weniger mysteriös ist als Ihre Krankheit. Unweit des Volksparkes Schöneberg haben Sie unter dem Namensschild »Dr. Dorothea Kling« neben dem beruhigenden Hinweis »Alle Kassen« die Erläuterung »Naturheilverfahren. Akkupunktur. Homöopathie« gelesen. Dr. Dorothea Kling ist wie die russische Heilerin eine Frau, das gibt Ihnen Hoffnung. Auch die Sprechstundenhilfe und sämtliche Patienten sind Frauen. Frau Dr. Kling trägt ein weißes Sweatshirt, weiße Hosen, Socken, Sandalen und einen fast weißen, dicken Zopf. Sie lächelt gütig, während Sie Ihre Leidensgeschichte erzählen. Sie fühlt Ihnen nicht den Puls, misst keinen Blutdruck, verschreibt keine Medikamente. Sie sollen beim nächsten Mal nur einen ausgefüllten Fragebogen, sowie ein Stück Käse, Ihre Lieblingswurst und dunkles und helles Brot mitbringen.

Sie tun es. Frau Dr. Kling fordert Sie auf, Ihre Arme wie ein Vögelchen zu heben, das fliegen will. Sie berührt Ihre rechte Hand und sagt abwechselnd »Ja« und »Nein«. Dann nehmen Sie in die linke ein Stück »Gouda jung« und halten es an Ihre Brust. Mit der Leberwurst, dem dunklen Brotkanten und der Schrippe das gleiche. Danach sagt Frau Dr. Kling: »Sie sind gegen Hefe allergisch.« – »Woher wissen Sie das?« – »Sie haben bei dem Brot gegen meine Hand gedrückt.« – »Ich dachte, Sie haben gedrückt.«

Nun kommt die Sprechstundenhilfe ins Zimmer, um bei der Auswahl des für Sie angemessenen homöopathischen Mittels zu helfen. Sie bilden eine Dreierkette, durch die Ihre Körperstrahlen bis zur Sprechstundenhilfe wandern. Frau Dr. Kling hält dabei verschiedene Fläschlein vor Ihre Brust. Die Gehilfin schüttelt ihren Kopf oder nickt, bis die geeignete Arznei ermittelt ist. Frau Dr. Kling füllt einige der winzigen, Globuli genannten weißen Perlen in ein Tütchen und sagt, dass Sie davon alle vierzehn Tage fünf nehmen sollen. Sie wundert daran nichts, denn Sie haben mehr Zutrauen zu Wenigem und Kleinem als zu Großem und Vielem. Und vor allem gibt es die Globuli gratis.

Ziehen wir eine Zwischenbilanz. Außer zur Homöopathin gehen wir zu Ärzten grundsätzlich nur noch bei Unglücksfällen wie Knochenbrüchen, sich rötenden Zeckenbissen und Zahnschmerzen am Heiligabend. Wir gehen immer zu Quartalsanfängen, damit wir die Praxisgebühren nicht zweimal nacheinander bezahlen müssen. Wir meiden vor allem jeden Spezialisten, der uns an seine teuren neuen Geräte anschließen oder sonst welche Experimente mit uns veranstalten will. Wir überlassen uns lieber dem Leiden, als dass wir Medika-

Kennen wir uns?

Von links oben nach rechts unten: Gauranga vom Brandenburger
Tor; Blumenverkäufer Schönhauser Allee; Boulespieler
auf dem Helmholtzplatz; Gärtner Preuß; Silvio, obdachloser
Zeitungsverkäufer; Mittagsschläfer im Monbijou-Park

mente mit Nebenwirkungen nehmen, vor allem wenn wir dafür bezahlen müssen.

Das aber kann nur der Beginn Ihrer Therapie sein, die Sie von nun an nicht mehr aus der Hand geben. Sie haben bereits Ihren Alkoholkonsum (und die damit verbundenen Kosten) um die Hälfte reduziert, Sie sind von Zigaretten auf Zigarillos umgestiegen und bemühen sich, diese nicht auf Lunge zu rauchen. Sie haben akzeptiert, dass man zum Frühstück auch Tee statt Kaffee trinken kann. Sie nehmen pünktlich die Globuli und essen schon zum Frühstück Risotto mit Bärlauch, ohne dass sich Ihr Befinden wesentlich gebessert hat. Jetzt bleibt Ihnen nichts anderes übrig, als die Krankheit als zu Ihrem Leben gehörig zu betrachten.

»Das schnellste Tier, das euch trägt zur Vollkommenheit,
das ist Leiden.« (Meister Eckhart)

Ist Ihnen je versprochen worden, von ihr verschont zu werden? Was meinte Meister Eckhart eigentlich, als er davon sprach, das Leiden bringe uns schneller zur Vollkommenheit? Doch wohl, dass uns das Leiden Erfahrungen mit uns selbst ermöglicht, die wir sonst nie machen würden. Und welche Leiden zu erfahren sind uns außer durch Krankheit überhaupt möglich? Vor Armut schützt uns Hartz IV, vor Kälte die Heizung, vor dem Tod der Oma das Pflegeheim; überall auf der Welt gibt es Kriege, Katastrophen und Seuchen, nur nicht bei uns, die wir durch den Klimawandel auch noch mit schönem Wetter beschenkt werden. Um welche zu haben, müssen wir uns Leiden einbilden und diese Einbildungen in Krankheiten verwandeln.

Nur so bekommen wir eine Zukunft zurück, denn worauf lässt sich inbrünstiger hoffen als darauf, dass der Schmerz nachlässt? Endlich lernen Sie die Zeit als eine Tatsache schätzen, mit der man sich in Einvernehmen zu setzen hat. Wenn Ihr Magen oder sonst ein Organ einige Jahrzehnte gebraucht hat, um seine diversen Beschwerden auszubilden, sollten Sie ihm ein paar Jahre gönnen, sie auszuleben. Endlich nehmen Sie Ihren Körper als etwas wahr, das nicht nur für den Lustgewinn zuständig ist, sondern auch der Fürsorge bedarf. Die Krankheit schickt Sie noch einmal in die Schule. Sie bricht den Hochmut Ihres Geistes und lässt ihn sich den kleinen, bisher unbeachteten Dingen zuwenden, auf die Sie Ihre Hoffnung zu setzen gezwungen sind.

Beispielsweise der heimischen Pflanzenwelt, die Sie neben ihrer Nahrhaftigkeit nun auch auf ihre Heilkraft hin untersuchen. Sie setzen sich in die Zentrale Landesbibliothek (die medizinische Literatur lagert in der Breiten Straße) und sind erstaunt, wie viele Bücher auf diesem Gebiet schon verfasst wurden. Überhaupt haben Sie festgestellt, dass die Menschen, sobald man zu ihnen über Krankheiten spricht, sich als Hüter eines ungeheuren Wissensschatzes herausstellen, den sie bereitwillig mit Ihnen teilen. Jetzt nehmen Sie einen der herumliegenden Bleistifte (kostenlos auch bei Ikea; Kugelschreiber gibt es in den Wettbüros) und schreiben Sie sich die für Sie in Frage kommenden Rezepte ab.

Nehmen wir der Abwechslung halber an, Ihre Beschwerden sind aus der Magenhöhle in den Brustkorb und in den Rachen- und Nasenraum gewandert, kurz gesagt: Sie haben sich schwer erkältet.

Apotheker Mannfried Pahlows ausgewählte Rezepte gegen Erkältungskrankheiten

Aus: Mannfried Pahlow, *Heilpflanzen*, *Sanfte Behandlung von Alltagsbeschwerden*. S. Hirzel Verlag Stuttgart)

BEI HEISERKEIT
Halswickel mit Kartoffeln
- Zubereitung und Anwendung: 3 bis 5 weichgekochte, noch sehr warme Kartoffeln zerdrücken. Den Brei in ein dünnes Tuch einschlagen, den Umschlag so um den Hals legen, dass er vom Kinn bis zu den Schultern reicht. Ein wollenes Tuch darüber wickeln. Der Wickel bleibt so lange liegen, bis er seine durchwärmende Wirkung verloren hat. Sie können ihn ohne Bedenken 3- bis 5mal täglich anwenden.

BEI REIZHUSTEN
Tee-Mischung
- Zutaten: Spitzwegerichblätter, Malvenblätter (blau), Melissenblätter, Himbeerblätter.
- Zubereitung: 2 gehäufte Teelöffel dieser Mischung mit 1/4 Liter siedendem Wasser übergießen, zugedeckt 10 Minuten ziehen lassen und durch ein Sieb abseihen.
- Anwendung: Bei Bedarf 3 bis 5 Tassen Tee trinken.

BEI KRAMPFARTIGEM HUSTEN, KEUCHHUSTEN
Thymian-Tee
- Zubereitung: 2 gehäufte Teelöffel Thymian mit 1/4 Liter siedendem Wasser übergießen, 10 Minuten ziehen lassen und durch ein Sieb abseihen.
- Anwendung: 3 bis 5mal täglich 1 Tasse Tee mit oder ohne Honig trinken (Diabetiker ohne Honig). Zusätzlich mit Thymian-Tee inhalieren.

FÜR KINDER
Eibisch-Sirup
- Zutaten: grob geschnittene Eibischwurzel,
  Weingeist, Wasser, Zucker.
- Zubereitung: Die Eibischwurzel auf einen Filter
  mit dem Weingeist und dem Wasser übergießen
  und 1 Stunde lang bei Zimmertemperatur in der
  Weise ausziehen, dass die ablaufende Flüssigkeit wiederholt auf den Filter zurückgegossen
  wird. In 37 Gramm der so gewonnenen Flüssigkeit bei gelinder Wärme die 63 Gramm Zucker
  auflösen, die Flüssigkeit kurz aufkochen.
  Den fertigen Sirup abkühlen lassen und in eine
  kleine Flasche umfüllen und im Kühlschrank
  aufbewahren. Selbstverständlich kann man, um
  mehr Sirup herzustellen, die angegebenen Mengen
  auch verdoppeln oder vervielfachen.
- Anwendung: 3- bis 5mal täglich über den Tag
  verteilt 1 Löffel Sirup geben.

Wie schwer die Erkältung Sie auch erwischt hat, schon beim Lesen solch magischer Worte wie »Kartoffelwickel« und »Eibischwurzel« werden Sie eine leichte Linderung verspüren. Sie sollten es aber nicht dabei belassen. Die meisten Heilpflanzen warten auch in Berlin nur darauf, von Ihnen geerntet zu werden. In der einschlägigen Literatur dazu (in der Breiten Straße ist sie unter der Signatur Med 539 ff. zu finden) werden sie alle aufgeführt, einschließlich der Sammelzeiten, von Januar für die Faulbaumrinde bis zum Spätherbst für die Wurzelstöcke des Wiesenknöterich.

Jetzt bekommen Ihre Spaziergänge einen ganz anderen Sinn. Im Naturschutzpark Gleisdreieck pflücken Sie nicht nur

Brombeeren, sondern auch Fenchel, Schafgarbe und Rainfarn, die Sie anhand der Beschriftung zweifelsfrei identifizieren können, falls nicht ein allzu Gesunder die Schilder mit ihren Betonfüßen verrückt hat.

> »Nun aber in der Natur ist die ganze Welt eine
> Apotheken und nit mehr dann mit einem Dach bedeckt.«
> (Paracelsus)

Im Botanischen Garten ist dies nicht zu befürchten. Besonders im Winter, wenn die Sehnsucht nach Bali übermächtig wird, gehört er ohnehin zu Ihren bevorzugten Aufenthaltsorten (ermäßigter Eintritt 2,50 Euro), so dass Sie leicht zum Gewächshaus für tropische Nutzpflanzen finden. In ihm zwitschert und duftet es wie im Garten hinterm »sri nadi«. Lassen Sie bitte die kleinen, zwischen den Bodendeckern umherhuschenden Laufvögel in Frieden und wenden sich nur den Pflanzen zu. An jeder ist ein Schild, das genau ihren Verwendungszweck beschreibt.

Haben Sie von Ihrer letzten Reise eine Amöbenruhr mitgebracht? Graben Sie den im tropischen Amerika beheimateten Brechwurz aus und lassen sich seine Wurzel schmecken – danach fühlen Sie sich gesund wie ein Amazonasindianer. Sind Würmer Ihr Problem? Ein Tee, gebrüht aus den Blättern der »Abstehenden Hamelie« wird Sie davon befreien. Wollen Sie sich oder doch lieber Ihre Großmutter umbringen, damit Sie endlich an die Erbschaft kommen? Gewinnen Sie aus Samen und Milchsaft der »Mondia whitei« das Gift, das die Senegalesen an ihre Pfeilspitzen schmieren.

Für heimische Krankheiten müssen Sie bis zum Frühling warten, wenn es im Arzneipflanzengarten (in der hinteren, nach Steglitz zu gelegenen Ecke) wie in einer Apotheke zu duften beginnt. Die Beete ähneln den Organen des menschlichen Körpers und sind bepflanzt mit den entsprechenden Heilmitteln. Näheres entnehmen Sie bitte den Informationsblättern, die in einer Box am Eingang des Gartens ausliegen.

Die Frage, ob all diese Tees, Breis, Bauchwickel und Globuli denn helfen, ist falsch gestellt. Wichtiger ist, dass sie nicht schaden, dass schon das Sammeln, Zubereiten und regelmäßige Einnehmen Ihre körperlichen und geistigen Kräfte belebt und Sie nicht allein auf Hilfe von außen warten. Wenn Sie sich jetzt noch Ihrer Kenntnis der Qigong-Gymnastik erinnern und sie einmal täglich anwenden, wenn Sie das dadurch vertiefte und beruhigte Atmen auch ansonsten praktizieren, wenn Sie Ihr Lächeln üben, wenn Sie der Zeit vertrauen lernen und darauf, dass auch die Krankheit einmal ans Ende ihrer Kräfte kommen muss, haben Sie eine gute Chance, geheilt zu werden.

Das ist durchaus vor Ihrem Tod möglich, ganz sicher aber danach. Legen Sie doch die Angst vor diesem lächerlichen Popanz ab. Was auch immer uns nach dem Tod erwartet, es wird gratis sein. (Und was anderes als etwas unerhört Wunderbares kann es sein, wenn man uns jede Kenntnis davon vorenthält, damit wir im Leben aushalten?) Auch den Hinterbliebenen muss Ihr Ableben nicht viel kosten. Es gibt preiswerte Armenbegräbnisse, nach denen Sie im gleichen Frieden unter einer Grasdecke oder einem Radieschenbeet ruhen werden wie in einer Gruft. Und sollten Sie doch Sehnsucht nach einem individuellen Begräbnis haben, so lassen Sie sich durch das Schaufenster des Bestattungsinstitutes »Karma« in der Fidicinstraße anregen. Es gibt Urnen in Form von Riesenerdbeeren und flammenden Herzen, es gibt Särge, die Ufos, Spreewaldbooten und Zigarillos nachempfunden sind. Das alles können Sie auch selbst anfertigen. Setzen Sie sich mit Ihren Lieben zusammen und flechten Sie eine Urne aus den Zweigen des Japanischen Schnurbaums.

Sollten Sie damit nicht fertig werden, ist es auch kein Unglück. Erinnern Sie sich an »The Big Lebowski«? Darin trug John Goodman die Asche seines Bowlingpartners in einer Keksdose zum Pazifik. Was für ein Spaß war das, als sie beim Verstreuen in Jeff Bridges' Bart und Augenbrauen hängen blieb.

Literatur

- *Die Heilige Schrift*, übersetzt von Martin Luther

- Laudse, *Daudsedsching*

- Plato, *Die Verteidigung des Sokrates*

- Diogenes Laertius, *Leben und Lehre der Philosophen*

- Franz von Assisi, *Ehe mit Frau Armut*

- Meister Eckhart, *Deutsche Predigten und Traktate*

- Paracelsus, *Das Licht der Natur*

- Hans Jakob Christoffel von Grimmelshausen,
  Der Abentheuerliche Simplicissimus Teutsch

- Johann Karl Wezel, *Lebensgeschichte Tobias Knauts des
  Weisen, sonst der Stammler genannt*

- Ulrich Bräker, *Lebensgeschichte und Natürliche Ebentheuer
  des Armen Mannes im Tockenburg*

- Karl Philipp Moritz, *Anton Reiser*

- Ralph Waldo Emerson, *Essays*

- Henry David Thoreau, *Walden oder Leben in den Wäldern*

- Charles Dickens, *David Copperfield*

- Arthur Schopenhauer, *Sämtliche Werke*

- Knut Hamsun, *Hunger*

- Gerhart Hauptmann, *Der Biberpelz*

- Robert Walser, *Der Gehülfe*

- Hans Fallada, *Wer einmal aus dem Blechnapf frißt*

- Harry Domela, *Der falsche Prinz*

- Sandor Marai, *Schule der Armen*

- Edgar Hilsenrath, *Bronskys Geständnis*

- Walter Kempowski, *Uns geht's ja noch gold*

- Georg Heller, *Das Kind, das er war*

- Bernd Wagner, *Club Oblomow*

- Dieter Sinn, *Das große Verbrecher-Lexikon*

- *Wir kochen gut*

- Willi Harwerth, *Das kleine Pilzbuch*

- Mannfried Pahlow, *Heilpflanzen*

Adressen

Arbeitsämter (Jobcenter)

- *Jobcenter Friedrichshain-Kreuzberg*
  Kochstr. 30, 10969
  0180 100 2592 0 3807

- *Jobcenter Mitte*
  Sickingenstr. 70/71, 10553
  0180 100 2593 0 3807

- *Jobcenter Lichtenberg*
  Gotlindestr. 93, 10365
  0180 100 2601 1 6001

- *Jobcenter Marzahn-Hellersdorf*
  Allee der Kosmonauten 29, 12681
  0180 100 2599 1 6001

- *Jobcenter Neukölln*
  Lahnstraße 6, 12055
  0180 100 2514 0 6666

- *Jobcenter Treptow-Köpenick*
  Groß-Berliner-Damm 73a–e, 12487
  0180 100 2515 0 6666

- *Jobcenter Steglitz-Zehlendorf*
  Birkbuschstraße 10, 12167
  0180 100 2582 0 6666

- *Jobcenter Tempelhof-Schöneberg*
  Wolframstraße 89–92, 12105
  0180 100 2583 0 6666

- *Jobcenter Charlottenburg-Wilmersdorf*
  Bundesallee 206, 10717
  0180 100 3093 0 2601

- *Jobcenter Spandau*
  Brunsbütteler Damm 75–77, 13581
  0180 100 2513 0 2513

Beachvolleyball, umsonst

- *Lunas Strandgarten*
  Revaler Straße 34, an der Modersohnbrücke
  Grill, Beach, Cocktails, Musik

- *Yaam*
  Stralauer Platz 35, 10243
  tägl. ab 11 Uhr, Wochenende auch nachts

- *Playa Paradiso*
  Goslarer Ufer 1–5, 10589
  Happy Hour: Mo–So, 15–18 Uhr

- *Bundespressestrand*
  Kapelle Ufer 1, 10117
  Reservierungen unter: 0176/76 15 8080
  Mo–Fr von 10 bis 17 Uhr kostenlos, sonst Sa/So
  12 €/h

- Monbijou-Platz, 10178

- Max-Beer-Straße/Schendelgasse, 10119

- Platz unterm Fernsehturm, 10178

Botschaften mit Nationalfeiertagen

- *Mexikanische Botschaft*
  Klingelhöferstr. 3, 10785
  16. September

- *Indische Botschaft*
  Tiergartenstraße 17, 10785
  26. Januar

- *Österreichische Botschaft*
  Stauffenbergstraße 1, 10785
  26. Oktober

- *Äthiopische Botschaft*
  Boothstraße 20a, 12207
  28. Mai

- *Indonesische Botschaft*
  Lehrter Straße 16–17, 10557
  17. August

- *Thailändische Botschaft*
  Lepsiusstraße 64–66, 12163
  5. Dezember

- *Peruanische Botschaft*
  Mohrenstraße 42, 10117
  28. Juli

Brot von gestern, verbilligt

- *Biobackwaren*
  Raumerstraße 38, 10437

Bücher und CDs

- *Wohlthat'sche Buchhandlungen*
  Karl-Marx-Str. 80, 12043, Helene-Weigel-Platz 5,
  12681, Schönhauser Allee 113, 10439, Berliner Allee 76,
  13088, Budapester Str. 44, 10787, Alexanderplatz 2,
  10178, Wilhelmsdorfer Str. 43, 10627, Bölschestr. 80,
  12587, Fritz-Lang-Str. 2, 12627, Berliner Str. 10, 13187,
  Hauptstr. 145, 10827, Maaßenstr. 2, 10777,
  Breite Str. 25–29, 13597, Gorkistr. 12–20, 13507,
  Baumschulenweg 90/91, 12437

- *Berliner Büchertisch*
  Mehringdamm 51, 10961, 2. Hof, Riemannstraße 8,
  10961, Berliner Straße 24, 13127, Pistoriusstr. 31, 13086

- *Tee-Lese*
  Großbeerenstr. 56, 10965

- *Bücherhalle*
  Hauptstraße 154, 10827

- *Das andere Antiquariat / Sparbuch*
  Jedes Buch 1 €, 6 Bücher 5 €
  Frankfurter Allee 11, 80, Finowststr. 5, 10274

- *MedienPoints*
  Bücher zum Mitnehmen
  Filialen: Crellestraße 9, 10827, Kunigundenstr. 1, 12105,
  Ernst-Reuter-Platz, 10587, Seegefelder Str. 35, 13583,
  Loschwitzer Weg 13, 13593, Senefelderstr. 13, 10437,
  Helsingforser Str. 39, 10243

- *www.bookfinder.com*
- *www.eurobuch.com*
- *www.zvab.de*

Ein Verzeichnis der »Antiquariate in Berlin 2008« liegt in
jedem Antiquariat aus.

Clubs, Eintritt frei

- *Intersoup*
  Schliemannstr. 31, 10437
  Mo–Fr: ab 12, Sa/So ab 17 Uhr

- *Club der Visionäre*
  Am Flutgraben 1, 12435
  Mo–Fr ab 14, So ab 12 Uhr
  Mischung aus Bar und Club. Elektro-Sound.
  Augustiner-Gebräu.

- *August Fengler*
  Lychener Str. 11, 10437
  Tgl. ab 19 Uhr, Mi Salsakurs kostenlos ab 21 Uhr

- *ACUD*
  Veteranenstr. 21, 10119
  Konzerte, Tanz von Mo–Do ab 20 Uhr, Wochenende
  Eintritt ab 3 €

- *Fritzclub im Postbahnhof*
  Straße der Pariser Kommune 3–10, 10243
  Für Geburtstagskinder mit 6 Freunden Eintritt frei,
  Fr/Sa ab 23 Uhr

- *Havanna Berlin*
  Hauptstr. 30, 10827
  Fr für Damen bis 0 Uhr Eintritt frei, Mi ab 21,
  Fr/Sa ab 22 Uhr

- *NBI*
  Kulturbrauerei, 10435
  Mo Tischtennis chinesisch und Happy Hour 20–24,
  Sa von 20–23 Uhr (3 € Eintritt zum Diskomat)

Essen und Trinken

- *Weinerei*
  Veteranenstr. 14, 10119
  Tgl. von 12–20 Uhr Tagessuppe für 0,50 bis 1,50 €
  ab 20 Uhr 1 € Eintritt und Trinken auf Spendenbasis
  Kollwitzstr. 41, 10405 (ab 20 Uhr)
  Griebenowstr. 5, 10435

- *Laib und Seele – Berliner Tafel*
  Essen für 1 € bei Vorlage von Rentenbescheid oder
  ALG-Ausweis
  Ihre nächste Filiale können Sie unter www.laib-und-
  seele.de finden

- *Bildungswerk in Kreuzberg (Kantine)*
  Cuvrystr. 34, 10997
  Mo–Fr 11–14.30 Uhr Mahlzeiten zwischen 1 und 3,40 €

- *Kiezkantine*
  Oderberger Str. 50, 10435
  Bis 16 Uhr Tagessuppe 1,50, erm. 1,10, Hauptgerichte
  ab 4,30, erm. 3,30 €
  Speisekarte unter: www.kiezkantine-berlin.de

- *Kantine Berliner Ensemble*
  Bertold-Brecht-Platz 1, 10117
  Gut und günstig, jeden Tag wechselnde Eintöpfe und
  Gerichte

- *Good morning Vietnam*
  Alte Schönhauser 60, 10119
  In ästhetischem Ambiente Gerichte ab 3,50 €

- *Primavera*
  Kreuzbergstr./Ecke Mehringdamm, 10965
  Zum Wohfühlen. Pizza Magherita 1,90 €

- *Hasenschänke*
  in der Hasenheide
  Krautwurst mit Kartoffelsalat 1,50, Fassbrause 0,90 €

- *Sieben*
  Fritz-Erler-Allee 57, 12351
  Buffet für 1,77 €

Ständig halbe Preise in:

- *Humanus*
  Boxhagener Str. 71, 10245

- *Angus*
  Kreuzberger Str. 11/12, 10965

Fahrräder, gebraucht (siehe auch unter Trödelmärkte)

- *Froschrad*
  Wiener Str. 15, 10999

- *Fahrradladen Mehringhof*
  Gneisenaustr. 2a, 10961
  Reparaturen unter Anleitung auf dem Hof,
  z. T. kostenlose Ersatzteile

- *Papplrad*
  Pappelallee 74, 10437
  Günstige und schnelle Reparaturen

- *Mobilcenter*
  Fahrräder für die Familie
  Böckhstr. 51, 10967

- *Unirad-Werkstatt*
  TU Berlin, Einsteinufer 25, 10587, Raum HFT027
  Di/Do 14–18 Uhr Selbsthilfe mit Profis

- *Zweirad-Gemeinschaft Kreuzberg*
  Zossener Str. 3, 10961
  (Termine nach Vereinbarung)

- *Velofit & Veloleih*
  Zossener Str. 5, 10961
  Mo–Do 15–19 Uhr

- *Heimwerkerbedarf*
  Mittenwalder Str. 48, 10961

Fahrradausleih, umsonst

- *www.bike4free.de*
  Leipziger Str. 3–4, 10117
  ab 1. Mai täglich 11–20 Uhr
  (Sie fahren Werbung spazieren)

Fundbüros

- *Zentrales Fundbüro Berlin*
  Platz der Luftbrücke, 12101
  Tel 7560 0, Versteigerungstermine unter
  www.berlin.de/zentrales-fundbüro

- *BVG-Fundbüro*
  Potsdamer Straße 182, 10784
  Tel 19449, Versteigerungstermine unter www.bvg.de

nur für Frauen:

- *JVA*
  Alfredstraße 11, 10365
  Arkonastraße 56, 13189
  Ollenhauerstraße 128, 13403

nur für Männer:

- *JVA Heiligensee*
  Kiefheider Weg 68, 13503

- *JVA Moabit*
  Alt-Moabit 12 a, 10559

- *JVA Tegel*
  Seidelstraße 39, 13507

- *JVA Charlottenburg*
  Friedrich-Olbricht-Damm 17, 13627

- *JVA Plötzensee*
  Friedrich-Olbricht-Damm 16, 13627

- *JVA Hakenfelde*
  Niederneuendorfer Allee 140, 13587
  Kisselnallee 19, 13589

nur für Jugendliche:

- *JSA*
  Friedrich-Olbricht-Damm 40, 13627
  Kieferngrund
  Kirchhainer Damm 66, 12309

- *Jugendarrestanstalt*
  Lützowstraße 45, 12307

Hostels und Pensionen

- *Hostel Lettem sleep*
  Lettestraße 7, 10437
  44733623
  Im Mehrbettzimmer ab 17, DZ 49 €

- *Wohn-Agentur freiraum*
  Wiener Str. 14, 10999
  6182008
  EZ ab 20, DZ ab 17 €, Gästezimmer und Apartments
  ab 13 €

- *Mittes Backpacker Hostel Berlin*
  Chausseestr. 102, 10115
  283 909 65
  Schlafsaalbett ab 13 €

- *1st Floor Hostel*
  Neue Bahnhofstr. 1, 10245
  26948939
  Schlafsaalbett ab 15 €, DZ 40 €

- *Meininger City Hostels und Hotels*
  Meiningerstr. 10, 10823 Berlin
  Hallesches Ufer 30, 10963 Berlin
  Tempelhofer Ufer, 10963 Berlin
  66636100
  Schlafsaalbett ab 14 €

- *Hostel Disati*
  Feldstr. 1, 15537 Grünheide (bei Erkner)
  (Paddeln, Angeln, Beachvolleyball ...)
  03362-590067
  Bett ab 14 €

- *A&O HOTELS and HOSTELS Friedrichshain GmbH*
  Boxhagener Str. 73, 10245
  809475400 (umsonst 0800-222 67 14)
  EZ 30, DZ 17 €

- *Globetrotterhostel*
  Grünberger Str. 23, 10243
  29000081
  Schlafsaalbett im Winter 10, im Sommer 13,50 €,
  EZ 29/3 €, DZ 39/47 €

- *All in Hostel*
  Grünberger Str. 54, 10245
  288 7683
  Bett ab 8 €

- *The Circus Hostel*
  Weinbergsweg 1a, 10119
  28 39 14 33
  Bett ab 17 €

Internet, umsonst (wireless/schnurlos)

- *Café Morgenrot*
  Kastanienallee 85, 10435
  Ganztägiges Frühstücksbuffet je nach Verdienst
  4 bis 8 €

- *Al Hamra*
  Raumerstraße 16, 10437
  Arabisches Eckcafé mit Wasserpfeifen – Berlins
  günstigste Mitrauch- und Surfgelegenheit

- *Schlotzky's Deli*
  Friedrichstraße 200, 10117
  Kaffee, Eistee und Brause können umsonst
  nachgefüllt werden

Jobs

- *Berlin on bike*
  Knaackstr. 97, 10435, www.berlinonbike.de
  Stadtführungen per Rad

- *Modelagentur autseider*
  Erich-Weinert-Straße 55, 10439
  Punk, Rocker, Gothic? Hässlich, schmutzig und gemein?
  Zum Geldverdienen melden unter www.autseider.de

- *Tiercasting*
  Am Buchhorst 34, 14478 Potsdam
  0331/601 3921
  Haben Sie schauspielerisch begabte Hunde, Katzen,
  Meerschweine?
  www.tiercasting-deutschland.de

- *Pilzfarm Locktow*
  Haupstr. 12 , OT Locktow, 14806 Planetal
  www.pilz-farm.de
  sucht passionierte Pilzsammler: 033843/40334

- *Arbeitsamt Eberswalde, Landwirtschaftliche
  Fachkräftevermittlung*
  Bergerstr. 30, 16225 Eberswalde,
  03334/37-3000
  (zuständig für ganz Brandenburg!)

- *Spargelhof Buschmann Winkelmann*
  Glindower Str. 28, 14547 Klaistow
  www.buschmann-winkelmann.de

- *Josef Jakobs Spargelhof GbR*
  Dorfstr. 21, 14547 Beelitz

- *Firma Seilpartner*
  Greifswalder Str. 9, 10405
  4172820
  Montage, Fensterputzen, Abseilen

- *www.gastronet.ch*
  vermittelt Kellner in die Schweiz

- *Humana People to People*
  Brüsseler Platz 12, 50674 Köln
  0221/50 00 456
  zuerst Jobben im Trödelladen, dann als Entwicklungs-
  helfer ab nach Afrika: www.humana-ev.de

Jobs auf Messen und Festen:

- *www.ferienjobs4you.de*
- *www.promotionjobboerse.de*

Ferienjobs für Studenten und Schüler:

- *Effektiv – studentische Arbeitsvermittlung*
  TFH-Berlin, Haus Grashof (Hauptgebäude), Raum 129
  Luxemburger Str. 10, 13353
  45044150

- *Arbeitsvermittlung Heinzelmännchen*
  Hardenbergstr. 35, 10623
  3112-120/ -118
  Thielallee 38, 14195
  834 09930

- *Holland America Line*
  sucht Stewards, Tellerwäscher u. ä.
  Bewerbungen unter www.hollandamerica.com

- *Carnival Cruise Lines*
  Als Croupier über den Ozean?
  www.oceancasinojobs.com

Tipp: Klicken Sie unter www.berlinfuerarme.de das Fenster
»Börse« an und geben Sie bekannt, womit Sie am liebsten
Geld verdienen würden. Etwa so:
»Lernen Sie spazieren gehn! Ohne Hunde und Skistöcke.
Ort, Termin und Preis nach Vereinbarung.«
»Wenn Sie mir ein Abendessen in der ›Osteria Numero
Uno‹ spendieren, übe ich auf dem Kreuzberg mit Ihnen
45 Minuten lang ›Qigong‹. Anschließend Unterwasser-
massage im Wasserfall.«
»Ich spreche mit Ihnen. Oder höre einfach zu. Persönlich
oder am Telefon, Verschwiegenheit zugesichert.«
»Ich koche immer zu viel. Wer hilft mir beim Aufessen?
Wir teilen uns die Kosten.«

Kinos, umsonst oder billig

- Balkonkino Hellersdorf
  Cecilienplatz/Ecke Ernst-Bloch-Straße, 12619
  Bewohner schauen vom eigenen Balkon, Besucher
  bringen sich Stühle mit.
  Sommerprogramm unter www.stadtundland.de

- Projektor in den Hermannhöfen in Neukölln
  Hermannstraße 48, 2. Hinterhof, 1. Stock, 12049
  Jeden 2. Di ab 20.30 Uhr umsonst; dafür etwas nützlich
  machen
  www.h48.de

- Open-Air-Kino Kulturfabrik
  Filmrausch Moabit
  Kulturfabrik Moabit, Lehrter Str. 35, 10557
  www.filmrausch.de
  Fr und Sa 22 Uhr von Juni bis September

- *Freiluftkino in der Lohenmühle*
  Lohmühlenstraße 17, 12435
  Fr von Juni bis Mitte September
  Eintritt: 2 €

- Instituto Cervantes Berlin
  Spanische Filme in der Rosenstraße 18–19, 10178
  www.cervantes.de

Landesvertretungen beim Bund

- *Baden-Württemberg*
  Tiergartenstr. 15, 10785
  25456-0

- *Freistaat Bayern*
  Behrenstr. 21–22, 10117
  20265500

- *Freie und Hansestadt Hamburg*
  Jägerstraße 1–3, 10117
  20646-0

- *Freie und Hansestadt Bremen*
  Hiroshimastraße 24, 10785
  26930-0

- *Nordrhein-Westfalen*
  Hiroshimastr. 12–16, 10785
  27575-0

- *Rheinland-Pfalz*
  In den Ministergärten 6, 10117
  72629-1000

- *Freistaat Sachsen*
  Brüderstr. 11–12, 10178
  20606-0

- *Hessen*
  In den Ministergärten 5, 10117
  726200-500

- *Sachsen-Anhalt*
  Marienstr. 18, 10117
  243 458 0

- *Saarland*
  In den Ministergärten 4, 10117
  72629-0000

- *Mecklenburg-Vorpommern*
  In den Ministergärten 1, 10117
  206 04-6

- *Schleswig-Holstein*
  In den Ministergärten 8, 10117
  Tel: 72629-0500

- *Niedersachsen*
  In den Ministergärten 10, 10117
  7262 9-1500

- *Freistaat Thüringen*
  Mohrenstr. 64, 10117 Berlin
  203 45-0

Mieten und Vermieten

- *Jan Kraus Zimmervermittlung*
  Prenzlauer Allee 14, 10405
  0172-1818099

- *HVP-Hausverwaltung Am Prenz´l*
  Wörther Str. 20, 10405
  44017544

- *City-Wohnen*
  Linienstraße 111, 10115
  19 43-0

- *Wohnagentur freiraum*
  Wiener Str. 14, 10999
  6182008

- *Studentenwerk Berlin, Wohnraumbörse*
  Hardenbergstr. 34, 10623
  3112-0

- *www.studenten-wg.de*
- *www.hws-berlin.de*
- *www.berlin-sofort.de*
- *www.berlin-paradies.de*
- *www.zweitehand.de*
- *www.wg-gesucht.de*
- www.easywg.de

Mit

- *www.mitfahrzentrale.de*
- *www.mitflugzentrale.de*
- *www.mitwohnzentrale.de*
- *www.mitsegelzentrale.de*

Museen, umsonst

- *Alliierten Museum*
  Clayallee 135, 14195
  täglich 10–18 Uhr, Mi geschlossen

- *Deutsche Guggenheim*
  Unter den Linden 13/15, 10117
  täglich 10–20 Uhr, Do bis 22 Uhr, Mo freier Eintritt

- *Deutsches Historisches Museum*
  Unter den Linden 2, 10117
  täglich 10–18 Uhr, freier Eintritt jeweils am 28.10.
  und 9.11.

- *Russisches Museum*
  Zwieseler Str. 4/Ecke Rheinsteinstr., 10318
  (S3 bis Karlshorst, dann 15 Min. Fußweg)
  Di–So 10–17 Uhr

- *Museum der Unerhörten Dinge*
  »Eintritt frei und auf eigene Gefahr!«
  Crellestr. 5–6, 10827
  Mi–Fr 15–19 Uhr

- *Gedenkstätte Berlin-Hohenschönhausen*
  Genslerstraße 66, 13055
  täglich 9–18 Uhr, Mo 11 und 13 Uhr Rundgänge bei
  freiem Eintritt

- *Gedenkstätte Berliner Mauer*
  Bernauer Straße 111, 13355 Berlin
  Di–So 10–17 Uhr

- *Polizeihistorische Sammlung*
  Platz der Luftbrücke 6, 12101
  Mo–Mi 9–15 Uhr

- *Märkisches Museum*
  Am Köllnischen Park 5, 10179
  Di–So 10–18 Uhr, Mi frei

- *Staatliche Museen Preußischer Kulturbesitz*
  Eintritt frei für ALG-II-Empfänger und in bestimmten
  Museen donnerstags 4 Stunden vor Schließung,
  Öffnungszeiten unter *www.smb.spk-berlin.de*

Notunterkünfte

- *Motz&Co.*
  Weserstraße 36, 10247
  285 993 57

- *Notübernachtung Franklinstraße*
  Franklinstraße 27, 10587
  391 27 22

- *AWO Kiez-Café*
  Wühlischstraße 42, 10245
  29350556

- *Notunterkunft Hohenschönhausen Merkur e.V.*
  Wollenbergerstraße 10, 13053
  98694701

- *Bahnhofsmission am Bahnhof Zoo*
  Jebensstraße 5, 10623
  3138088

- *Bahnhofsmission Hauptbahnhof*
  Europaplatz 1, 10557
  22605805

- *Bahnhofsmission Ostbahnhof*
  Erich-Steinfurth-Straße, S-Bahn-Bogen 8, 10243
  29720175

Obst und Nüsse

- *Süßkirschen*
  Angermünder Straße, 10119
  Hanns-Eisler-Straße, 10409
  Christinenstraße, 10119
  In den Ministergärten, 10117

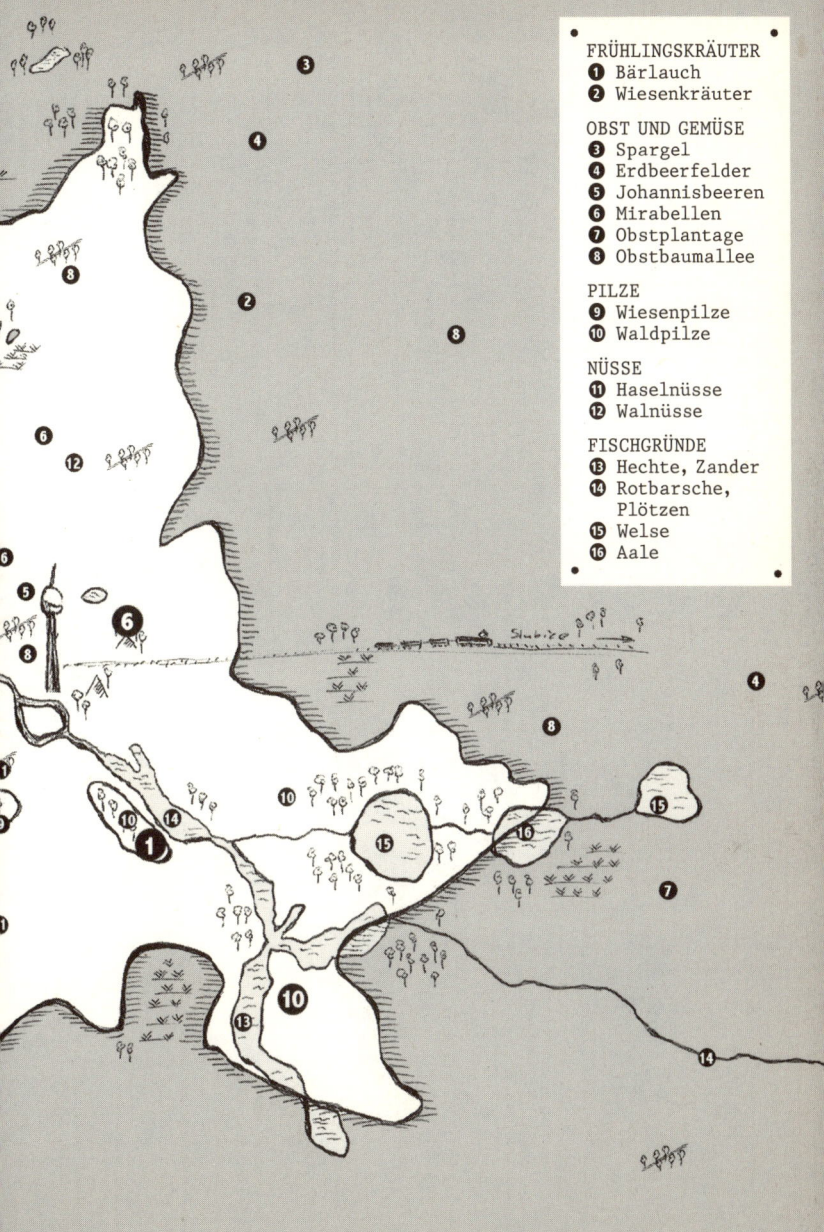

- *Äpfel*
  Anhalter Straße, 10963
  Melanchthonplatz, 13595
  Földerichplatz, 13595
  Stresemannstraße/Hallesche Straße, 10963
  Köllner Damm, 12353
  Buchbinderweg, 12355
  Böse Brücke, Spazierweg neben KGA Bornholm, 10439
  Michelangelostraße (neben KGA Neues Heim), 10409
  Hanns-Eisler-Straße, 10409
  Oderberger Straße, 10435

- *Birnen*
  Kanner Straße, 12055
  Michelangelostraße, 10409
  Stresemannstraße/Hallesche Straße, 10963
  Amalienhofstraße, 13581
  Liebigstraße, 10247
  Volkspark Friedrichshain, 10245
  Marienburger Straße, 10405

- *Pflaumen*
  Buchbinderweg, 12355
  Alexandrinenstraße, 10969
  Volkspark Friedrichshain, 10245

- *Mirabellen*
  Erich-Weinert-Straße/Prenzlauer Allee, 10409
  Sodtkestraße, 10409
  Mauerpark, 10435
  Park Babelsberg, 14482
  Volkspark Friedrichshain, auf dem Gipfel des Mont
  Klamott, 10245

- *Johannisbeeren*
  Park Babelsberg, 14482

- *Aprikosen*
  Marienburger Straße, Spielplatz, 10405

- *Walnüsse*
  Michelangelostraße, 10409
  Jessnerstraße, 10247

- *Haselnüsse*
  Ostender Straße, 13353
  Sansibarstraße, 13351
  Sprengelstraße, 13353
  Emser Straße, 10719
  Schwiebusser Straße, 10965
  Gneisenaustraße, 10961
  Feurigstraße, 10827

- *Esskastanien*
  Platz der Vereinten Nationen, 10249
  Schlosspark Charlottenburg, 14059

Pilze, Heidelbeeren, Bärlauch, Kräuter, Spargel,
Obstplantagen und Fische siehe Karte S. 132/133
und Text S. 33–45.

Pfandleihen

- *Pfandhaus Friedrich Werdier KG, Leihhaus am
  Hermannplatz GmbH*
  Kottbusser Damm 23, 10967
  Geld für Werte ab 100 €

- *Exchange AG*
  Mehringdamm 70, 10961

- *Pfandkredit Neukölln*
  Karl-Marx-Straße 51, 12043

- *Pfandkreditbetrieb Stephan Goebel e.K.*
  Müllerstraße 164, 13353

- *Leihhaus am Wittenbergplatz e.K.*
  Ansbacher Straße 18, 10787
  Theodor-Heuss-Platz 6, 14052

Pilzberatung

- *Botanischer Garten im Museumsgebäude*
  Königin-Luise-Str. 6–8, 14195
  Mo/Di/Do 14–16 Uhr

- *Stiftung Naturschutz Berlin*
  Potsdamer Straße 68, 10785
  Mo 17.30–18 Uhr

- *Ökomarkt Kollwitzplatz*
  10435
  am günstigsten Do 17–18 Uhr, Sa ab 16 Uhr

Schiffsfahrten

- *BVG Fähren F11, F12, F21, F23, F24*
  Ganzjährig:
  F10 Wannsee – Alt-Kladow
  F11 Oberschöneweide, Wilhelmstrand – Baumschulen-
  straße
  F12 Wendenschloss, Müggelbergallee – Grünau,
  Wassersportallee
  Von April bis Oktober:
  F21 zwischen Krampenburg und Schmöckwitz
  F23 Rahnsdorf vom Müggelwerderweg bis Kruggasse
  F24 Spreewiesen in Müggelheim bis nach Kruggasse
  in Rahnsdorf

Umsonst für Geburtstagskinder bei Vorlage des Ausweises:

- *Reederei Riedel GmbH*
  Planufer 78, 10967
  1 Stunde durch historische Innenstadt, 3 Stunden
  Brückenfahrt

Schminke

- *Bar Gagarin*
  Knaackstraße 22/24, 10405
  Auf beiden Toiletten liegen Kosmetikartikel zu freier
  Benutzung aus

Secondhand

Kleidung

- *Humana*
  Frankfurter Tor 3, 10243
  Alexanderstr. 7, 10178
  Karl-Marx Str. 13, 12043
  Schönhauser Allee 90, 10435
  Turmstr. 26, 10559
  Lewishamstr. 1, 10629
  Kantstr. 6, 10623
  Breite Str. 62, 13597
  Charlottenstr. 23, 13597
  Havelstr. 8–10, 13597
  Ostender Str. 1 / Müllerstr. 142, 13353
  Hauptstr. 147, 10827
  Rheinstr. 44, 12161
  Tempelhofer Damm 148, 12099
  Kottbusser Damm 78, 10967

- *Garage*
  Ahornstraße 2, 10787
  13,99 €/kg, Mi Happy Hour 11–13 Uhr

- *Made in Berlin*
  Potsdamer Str. 104, 10785
  Neue Schönhauser Straße 19, 10178

- *Colours*
  Bergmannstraße 102, HH, 1.OG, 10961
  Di Happy Hour 11–15 Uhr

Sonstiges

- *Wahnsinn*
  Rosenthaler Straße 17, 10119

- *Fundgrube*
  Evangelisches Johannesstift Berlin
  Mertensstraße 127–131, 13587

- *Mini-Kaufhaus-Meyer*
  Amsterdamer/ Ecke Malplaquetstraße, 13347

- *Umsonstladen*
  Brunnenstr. 183, 10119
  3 Teile pro Besuch umsonst
  Mo, Do 16–20 Uhr, Mi 17–19 Uhr, Fr 14–18 Uhr

- *motz – der Laden*
  Kaufhaus für Bedürftige
  Friedrichstraße 226, 10969
  Mo–Fr 11–19 Uhr, Sa 11–15 Uhr

Sperrmüll

- *Markt in Moabit-West*
  genauer Ort und Termin unter www.uwi-
  berlin.de/sperrmuell.htm

- *BSR-Tausch- und Verschenkmarkt*
  www.bsr-verschenkmarkt.de

Stadtführungen, umsonst

- *Sandemann*
  auf Englisch und Spanisch durch Berlin
  Ost-Berlin: Treff Brandenburger Tor, vor Starbucks
  tägl. 11, 13 und 16 Uhr
  West-Berlin: Treff Bahnhof Zoo, vor Dunkin'
  Doughnuts
  tägl. 10.30, 12.30, 15.30 Uhr

- *Radtour – Stadtführung umsonst*
  tägl. 11 und 15 Uhr vor dem Postfuhramt,
  Ecke Oranienburger und Tucholskystraße

- *www.brewersberlintours.de*
  auf Englisch

Stiftungen, politische

- *Friedrich-Ebert-Stiftung Berlin*
  Hiroshimastraße 17, 10785
  269356

- *Konrad-Adenauer-Stiftung e.V.*
  Molkenmarkt 1, 10179
  2385512

- *Heinrich-Böll-Stiftung*
  Rosenthaler Straße 40/41, Hackesche Höfe, 10178
  28534-0

- *Bundeskanzler-Willy-Brandt-Stiftung im Rathaus
  Schöneberg*
  John-F.-Kennedy-Platz, 10825
  787707-0

Trödelmärkte (Auswahl)

- *Arkonaplatz*, 10435
  So 10–17 Uhr

- *Fehrbelliner Platz*, 10707
  Sa/So 10–16 Uhr

- *Boxhagener Platz*, 10245
  So 9–16 Uhr

- *Flohmarkt am Mauerpark*
  Bernauer Straße 63–64, 13355
  So 8–18 Uhr

- *Hallentrödelmarkt*
  Heidestraße 6–10, 10557
  Di–Fr 11–18, Sa/So 10–18 Uhr

»Nirgends, so spricht er mit großer Handbewegung und
lässt seinen Blick über die alten Möbel schweifen, die
sie den Mebes aus Berlin abgerungen haben, über den
teppichlosen, abgenutzten Holzdielenboden, über ihre paar
geretteten Bücher, nirgends kann man so gut in Armut
leben wie in Deutschland.« (Georg Heller)

- *Straße des 17. Juni,* 10623
  Sa/So 9–17 Uhr

- *Trödelcafe*
  Erich-Weinert-Straße/Naugarder Straße, 10405
  Di–So ab 14 Uhr
  (Kaffee umsonst mit Gutschein)

- *Schloss Charlottenburg*
  Klausener Platz, 14059
  So 9–17 Uhr

- *Trödelmarkt Bergmannstraße*
  Chamisso-/Marheinekeplatz, 10965
  Sa 10–17 Uhr

- *Hornbach Markt*
  Gradestraße 100, 12347
  So 8–16 Uhr

- *Wal-Mart-Parkplatz*
  Karl-Marx-Straße 231, 12055
  So 8–15 Uhr

Türkische Märkte

- *Maybachufer,* 12047
  Di/Fr 12 bis 18.30 Uhr

- *Großgörschenstraße,* 10783
  Mi/Sa ab 7 Uhr

Verleih von Gesellschaftskleidung

- *D. Warning*
  Brückenstraße 15a, 10179

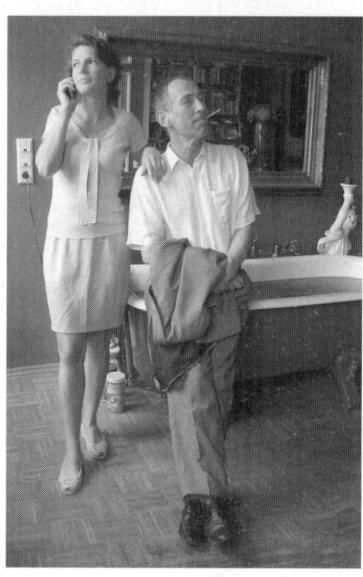

Luise Wagner: 1970 in Erfurt geboren. Älteste Tochter von B. W. Als Journalistin Veröffentlichungen in »Die Zeit«, »Die Welt«, »Berliner Morgenpost« u. a. Zur Zeit freiberufliche Weltreisende.

Handy: Attrappe. Bluse: 5 € (Humana). Rock: selbst geschneidert. Schuhe: Geschenk einer koreanischen Untermieterin.

Bernd Wagner: Geboren 1948 in Wurzen. Bis 1977 Dorfschullehrer in Schmachtenhagen. Seitdem Schriftsteller und Gelegenheitsarbeiter in Berlin. Letzte Veröffentlichungen: *Paradies*, 1997, *Club Oblomow*, 1999, *Wie ich nach Chihuahua kam*, 2003.

Anzug: 80 € (Brandware). Hemd 3,50 € (balinesisch). Schuhe: 21 € (Hermannstr.). Socken: Geschenk von L. W. Zigarillo: 0,28 € (Luxus).

Für ihre selbstlose Hilfe danken wir herzlich André Biemans, Stephan Imhof, Zoran Naric, Apotheker Dr. Mannfried Pahlow, Anna Wagner und Winfried Wagner.